高校德育创新研究

朱 玮 著

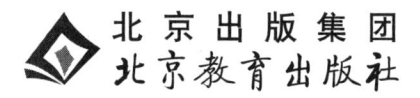

北京出版集团
北京教育出版社

图书在版编目（CIP）数据

高校德育创新研究 / 朱玮著. -- 北京：北京教育出版社，2023.6

ISBN 978-7-5704-5659-8

Ⅰ.①高… Ⅱ.①朱… Ⅲ.①高等学校—德育工作—研究—中国 Ⅳ.① G641

中国国家版本馆 CIP 数据核字 (2023) 第 114616 号

高校德育创新研究

朱 玮 著

*

北 京 出 版 集 团　出版
北京教育出版社

（北京北三环中路 6 号）

邮政编码：100120

网址：www.bph.com.cn

京版北教文化传媒股份有限公司总发行

全国各地书店经销

河北宝昌佳彩印刷有限公司

*

710 mm×1 000 mm　16 开本　12.75 印张　171 千字

2023 年 6 月第 1 版　2023 年 6 月第 1 次印刷

ISBN 978-7-5704-5659-8

定价：78.00 元

版权所有　翻印必究

质量监督电话：(010)58572525　58572393

购书电话：18133833353

前　言

随着时代的不断发展，教育正成为国家长治久安、民族繁荣昌盛的基石。高校作为培养社会中坚力量和领导人才的摇篮，其德育工作的落实尤为重要。本书针对高校德育的研究，紧密结合时代背景，以全面、深入的方式探讨德育在高校中的发展与应用，力求为高校德育工作提供理论指导和实践借鉴。

本书共分九章，涵盖高校德育的概述、功能、价值、管理、多要素协同创新等内容，系统阐述了德育的相关理论与实践，并从多个角度展现了高校德育的新特点和新趋势。

本书具有以下特色：首先，紧扣时代背景，强调德育在新时代的重要性和紧迫性，旨在提高高校德育工作者的教育观念和责任感。其次，理论与实践相结合，充分体现了德育在高校中的应用价值。再次，从多元化、创新化的角度展现了德育的新发展，为高校德育工作提供了借鉴。最后，注重传统文化与现代教育的融合，充分挖掘传统文化在高校德育中的作用。

在新时代背景下，高校德育创新迫在眉睫。笔者希望本书对高校德育创新路径的阐述，能够为高校培养德、智、体、美全面发展的优秀人才提供有力支撑，为我国教育事业的繁荣发展贡献智慧与力量。同时，笔者希望本书能够激发更多的人关注德育，共同为提高高校德育水平而努力。笔者期待在未来的教育事业中，德育能够发挥积极作用，为构建和谐社会和促进人类文明进步提供有力支撑。

由于笔者水平有限，书中难免存在不足之处，恳请读者批评指正。

目 录

第一章　高校德育概述　/　001

　　第一节　高校德育内涵解读　/　003

　　第二节　高校德育的理论基础与原则　/　007

　　第三节　高校德育的体系结构与科学定位　/　013

第二章　高校德育的功能　/　019

　　第一节　高校德育功能概述　/　021

　　第二节　高校德育功能的系统结构　/　028

　　第三节　高校德育功能的发展趋势　/　033

第三章　高校德育的价值　/　037

　　第一节　高校德育价值概述　/　039

　　第二节　高校德育价值的实现路径　/　041

第四章　高校德育管理　/　051

　　第一节　高校德育管理概述　/　053

　　第二节　高校德育管理的内容与模式　/　059

　　第三节　高校德育管理的科学化对策　/　063

第五章　高校德育多要素协同创新 / 071

第一节　高校德育理念的创新 / 073

第二节　高校德育内容的创新 / 082

第三节　高校德育方法的创新 / 089

第四节　高校德育动力机制的创新 / 094

第五节　高校德育管理的创新 / 103

第六章　传统文化视角下高校德育创新 / 117

第一节　传统文化与高校德育相融合的意义 / 119

第二节　传统文化视角下德育价值开发与利用的原则 / 129

第三节　传统文化视角下高校德育创新的基本路径 / 132

第七章　互联网时代高校德育创新 / 141

第一节　"互联网 +"背景下高校德育创新路径 / 143

第二节　融媒体技术支持下高校德育创新路径 / 151

第三节　大数据背景下高校德育创新路径 / 156

第八章　高校立体化德育创新 / 163

第一节　高校立体化德育的内涵 / 165

第二节　高校立体化德育的特点 / 167

第三节　高校立体化德育的实现路径 / 169

第九章　新时代高校德育教师队伍师德师风建设 / 179

第一节　高校德育教师队伍师德师风建设的主要内容 / 181

第二节　高校德育教师队伍师德师风建设的特点 / 185

第三节　高校德育教师队伍师德师风建设长效机制探索 / 189

参考文献 / 193

第一章 高校德育概述

第一章 高校德育概述

第一节 高校德育内涵解读

一、"德育"一词的由来

"德育"一词从何而来？其实，中国古代并无德育概念，更未直接使用"德育"这个名称。近代西方教育思想传入我国之后，"德育"一词才出现。

我国古代虽然没有直接使用"德育"这一名称，但是有德育之实。古人常用"教""教学""学""道""德"等词表示德育。比如，《说文解字》中的"学，觉悟也"；《礼记·大学》中的"大学之道，在明明德，在亲民，在止于至善"；等等。

近代，我国曾用"道德教育""训育""训导"等概念表示德育。西方教育思想传入我国之后，教育界开始明确地使用"德育"一词。清末极具影响力的资产阶级启蒙思想家、翻译家和教育家严复提出应贯彻"体、智、德并重"的教育观，培养体、智、德几方面都得到发展的"真国民"，认为教育之事"常分三宗，曰体育，曰智育，曰德育，三者并重，顾主教育者，则必审所当之时势而为之重轻"[①]。1904 年，王国维以"德育""知育"与"美育"三词向国人介绍叔本华的教育思想。1906 年，王国维在

[①] 严复. 严复论学集[M]. 北京：商务印书馆，2019：42.

《教育世界》第 56 期上发表《论教育之宗旨》，提出"教育之事亦分为三部，智育、德育（意育）、美育（情育）是也"。1912 年，蔡元培在其文章《对于教育方针之意见》中阐述新教育思想，主张"军国民教育""实利主义教育""公民道德教育""世界观教育""美感教育"德育"一词就这样在我国逐渐普及并成为我国教育界通用的术语。

中华人民共和国成立以后，德育的概念界定多有争议。20 世纪六七十年代，我国采用思想政治工作中的习惯用法，将德育定义为思想政治教育或政治思想教育；改革开放后，德育主要指道德教育或伦理教育。20 世纪 80 年代，我国教育理论界统一认识，认为德育就是思想品德教育。

二、德育的相关概念解析

与教育的概念一样，"德育"也是一个组合概念，是由"德"与"育"组合起来的。"德"是一个内涵极为广泛的概念。汉代许慎在《说文解字》中说："德，外得于人，内得于己也。""德"可引申为一个时期有利于人们物质关系的观念，这种观念主要反映在政治、思想、道德等方面。"育"是灌输、培养、训练的意思，是一种有目的的实现手段，指对德予以贯彻和实现。现代意义上的"育"与教育是一个同等的概念。因此，人们常说的"德育教育"，其实是不科学的。

那么，究竟什么是德育呢？人们对德育概念的认识同对教育概念的认识一样，认为其有狭义与广义之分。狭义的德育专指道德教育，是道德教育的简称，主要包含伦理道德教育以及与其有关的价值观教育。

当前人们所说的德育大多是广义的德育。广义的德育概念可以定义为教育者根据一定的社会要求和受教育者的需要，遵循品德形成和发展的规律，采用有效的方法和手段，让受教育者主动生成与建构思想品德的教育活动。它包括政治教育、思想教育、道德品质教育和个性心理品质教育等。简言之，德育就是促进学生思想品德的形成与发展的教育活动。这一概念的内涵包含以下几个要点：第一，德育是一种教育活动；第二，德育是教育者与受教育者共同参与的活动；第三，德育是有目的、有计划、有组织的教育活动。

从德育概念的外延看，包括道德教育、政治教育、思想教育、法纪教育和个性心理品质教育，它们之间既有联系又有区别。

（一）道德教育

道德教育指的是关于个体与个体、个体与群体、个体与社会、个体与自然的行为规范和准则的教育。它包括家庭伦理道德、社会公德、国民公德、职业道德、个人品行修养等方面的教育，强调人的良心、良知，强调义务感，强调自觉与自愿的统一。

西方所谓的"德育"就是道德教育，所形成的"德育理论"是道德教育理论。而我国的"德育理论"是以广义的德育即大德育为基础构建的德育理论框架，这种语义与概念上的分歧常常导致人们在对中外德育理论进行比较研究时产生混乱。一般意义上，德育既包括道德教育又大于道德教育。

不可否认，德育不仅应成为我国学校教育的重要组成部分，还应成为我国学校教育的基础和根本。德育通常是从最基本的道德教育入手，培养有道德的学生，使其具备做人的基本道德品质，过有德行的生活。从教育实践看，学校教育将道德教育作为基础和学校德育工作的核心是非常必要的。

（二）政治教育

政治教育主要是指按照国家特定的政治观，向受教育者传播相应的政治理论和政治价值观，帮助他们树立正确的政治立场与政治信仰的教育。

政治教育是我国学校德育的重要组成部分。政治教育和道德教育虽然同属社会的上层建筑，是在共同的社会经济基础上建立起来的，但它们在内容、存在方式、与社会经济基础的联系、对社会所起的作用等是完全不同的。政治教育应根据目的的不同采取不同的途径、手段、方法。

(三) 思想教育

思想教育与道德教育有着紧密的联系，不能将两者割裂开来。如果单方面强调思想教育的引导而忽视道德教育的生成，那么思想教育就会显得空泛。

在我国，高校思想教育的主要方式是教育者对相应思想的理论进行讲解与评论，是一种认知性教育。要使思想教育提高成效，教育者还要让学生在自身的生活实际与社会实践中进行体验与领悟，帮助他们解决问题，明了人生的真谛，从而更好地追寻人生的意义。

(四) 法纪教育

目前，教育者对学生进行法纪教育，就是要帮助学生知法、懂法、守法守纪，使其自觉维护法律的尊严，从而减少乃至消除青年违法犯罪、危害社会的现象。

(五) 个性心理品质教育

个性心理品质教育主要是指培养学生良好人格和个性、提高学生心理素质的教育。个性心理由两方面组成：一是个性心理倾向性，包括需要、动机、兴趣等，是人的行为的潜在动力；二是个性心理特征，包括气质、性格、能力，能够比较稳定地反映个体的特色风貌。在学生身心发展的关键时期，教育者对学生进行个性心理品质的教育与训练，可以培养他们良好的心理素质，帮助他们学会应对现实生活中的各种压力，学会调节情绪，使他们更有效、积极地适应社会、适应自身的发展变化，还可以预防心理障碍和心理疾病的产生，促使他们全面发展。由此可见，个性心理品质教育是学校德育必不可少的一部分。

综合来看，学校德育虽然外延比较广，但并不是无所不包，"大"要大得有边界、有标准。部分学者主张在理论上把"德育"界定为"道德教育",使它与"政治教育""思想教育"和"个性心理品质教育"区分开来。但在实践中,"道德教育"与"政治教育""思想教育"和"个性心理品质教育"是有机联系和不可分割的。

第二节 高校德育的理论基础与原则

一、高校德育的理论基础

(一)科学发展观中的"以人为本"思想

社会与时代的发展变化必然要求教育与时俱进,培养适应社会转型需要的人才。德育是培育社会精神和人才思想意识的工作,无疑需要体现先进性与发展性,需要改革和创新。但是,它的改革与创新必须用新的理念做指导,对传统的理念进行扬弃和超越。

以人为本的科学发展观是体现社会主义性质与价值取向的社会理念。与其一致,德育必须坚持和弘扬"以人为本"的理念。

以人为本就是要把人民的利益作为一切工作的出发点和落脚点,不断满足人们的多方面需求和促进人的全面发展。以人为本,说到底,就是解放人,使人的潜能得到主动、全面、充分的发挥。

以人为本是做好德育工作的基础和前提,要求德育工作者在德育的过程中,做到尊重学生、理解学生、关心学生和信任学生,注重学生创造性人格和健康人格的统一,注重学生"学会"和"会学"的统一,促进学生的全面发展。

(二)系统科学理论中的"大德育"思想

系统科学是研究事物整体联系和运动发展规律的科学,其要点如下:

第一,任何一个事物的存在都表现为一个系统。系统是由事物内部互相联系、互相作用、互相依赖和影响的若干部分组成的有机整体。整体性是系统的一个本质属性。系统总是处在其赖以生存和发展的环境之中,并不断同环境进行物质、能量和信息的交换。

德育系统包含着三个最基本的因素:教育者、受教育者、教育过程。这三个因素相互联系、互相影响。高校德育创新必须从现实背景出发,树立战略意识、时代意识;从整体观念和联合作战的思想出发,明确调控目标,使各系统整合成一种合力,形成上下连接、左右贯通、立体交叉的德育网络。高校德育工作量大面广,组织过程耗时耗力,没有有效的调控机制,就可能导致无序、无效。因此,德育效果的优化需要校内各种教育资源的整合,还需要学校、社会和家庭加强联系,相互协调,从整体上优化育人环境。

第二,系统内部各要素具有层次性和等级性,系统的不同层次有着不同的规律。德育的层次性取决于德育对象的层次性。要提升德育效果,教育者必须把握层次性要求,树立德育对象主体性观念,加强针对性工作。研究德育对象的层次性,教育者要注重受教育者全面发展和理想人格塑造的序列性,在受教育者学习过程的不同阶段、不同时机、不同教育环节,实施不同的教育内容,采取不同的方式、手段,满足受教育者不断增长的需要,分层次,有重点,由低到高,由浅入深,形成循序渐进的系列教育格局,使实践随着教育理论的发展向更高层次迈进。

第三,结构性系统功能的发挥,不仅取决于组成该系统的各个部分本身,还取决于各个部分的结构形式。这是因为系统的总功能不是各个组成部分功能的简单叠加,而是各个部分功能的有机结合。

这一理论要求德育工作者要立足要素、结构、功能与所处环境的相互联系和制约关系,分析系统中各要素的结构功能,有意识、有目的地使系统内部各要素达到最佳建构和配置,以实现系统形式结构最优和功能最优。

二、高校德育的原则

（一）主体性原则

所谓主体性原则，是指在高校德育工作过程中，始终将学生置于主体地位，始终把大学生看成德育活动的主体，注重培育和造就大学生的主体性。

首先，把学生作为学校教育的价值主体，确立学生在高校德育中的主体地位。教师要转变将学生仅仅作为教育和管理的对象的观念，坚持以学生为根本，以学生为核心，以学生为目的，尊重学生，理解学生，关爱学生，把促进学生的成长、成才作为高校德育的根本价值取向。

其次，把学生作为学校教育的动力主体，激发学生自我教育的积极性。教师要致力于唤醒学生的主体意识，激发学生的主体热情，调动学生的主体积极性，在课堂教学、校园文化、社团活动、社会实践等环节中，更加充分地发挥学生的主体作用。

再次，把学生作为学校教育的权利主体，切实维护其合法权益。教师要高度重视学生的受教育权和公民权，使高校德育的过程成为尊重和维护学生合法权益的过程，成为服务学生成长成才和全面发展的过程。

最后，把学生作为学校教育的发展主体，促进学生的全面发展。教师在德育工作过程中应积极构建科学与人文相统一的素质结构、社会化与个性化相统一的人格结构，促进学生各种素质的和谐发展。

（二）开放性原则

开放性原则是指高校德育创新必须彻底打破传统的封闭模式，在德育的目标、内容和手段等方面实行全方位开放，使学生在开放式德育过程中，以自主、自觉、自愿的状态去接受、思考、判断和分析。

1. 德育目标要体现开放性

德育目标是高校德育的指针和方向，决定了德育内容、手段和方法等的选择，在德育工作中起着主导性和规范性的作用。考察世界先进国家高校的德育目标可以发现，开放性是这些国家德育目标的共同特色。例如，德国的德育目标是培养具有向世界开放人格的人；美国的德育目标是注重在开放式德育中发展学生的道德推理能力和创造能力，强调使个体成为有自立能力、有自信心和参与意识的自主公民。

我国的德育目标在《中国普通高等学校德育大纲》中的描述如下：使学生热爱社会主义祖国，拥护党的领导和党的基本路线，确立献身于中国特色社会主义事业的政治方向；努力学习马克思主义，逐步树立科学世界观、方法论，走与实践相结合、与工农相结合的道路；努力为人民服务，具有艰苦奋斗的精神和强烈的使命感、责任感；自觉地遵纪守法，具有良好的道德品质和健康的心理素质；勤奋学习，勇于探索，努力掌握现代科学文化知识。并从中培养一批具有共产主义觉悟的先进分子。可见，我国的德育强调在开放中培养学生健全的人格，发展学生个性。

2. 德育内容要注重开放性

学生的道德发展是一个持续的、有内在规律的过程。因此，德育内容的开放性应遵循学生道德发展的规律，充分考虑学生理解和接受的能力，根据时代发展和形势变化而不断丰富和更新。

首先，学校可把道德教育内容的价值准则和规范系统向学生开放，让学生独立思考，理性选择。

其次，灵活使用不同的德育理论和教材。在遵循国家德育统一目标的原则下，学校可根据本地和学生的实际，引进和吸纳一些先进国家的德育理论和经验，开阔学生视野，加深学生对全球德育发展趋势的了解。

最后，德育内容应贴近实际生活。学校应根据学生实际，定期进行一些诸如形势教育、国家方针政策教育、法纪教育、公德教育、健康教育、环保教育等。这些德育内容鲜活丰富，与实际生活密切相关，有利于学生理解和接受。

3. 德育手段要展现开放性

教师要充分运用现代科技手段，展现德育课堂教学的开放性。比如，教师可以用计算机模拟一些在实际生活中涉及道德问题的个案，再组织学生进行分析、处理；用电化教学再现历史画面和生活情境，让学生身临其境，真切体验，增加感性认识，使开放中的德育课堂变得生动活泼、丰富多彩，提高德育课堂的教学效果。

（三）实践性原则

实践性是指高校德育创新应在开放的基础上，通过师生互动和活动体验，使德育过程成为激发学生道德思维和创造力的过程，在动态中实现德育的内化、提升。

1. 德育课堂要贯穿实践性

德育课堂的实践性就是培养学生分析问题和解决问题的能力，使实践的过程成为学生道德自我完善和成熟的过程。为突出德育课堂的实践性，教师有必要将课堂融入现实生活，使德育课堂成为学生解决实际问题的大舞台。

首先，德育课堂的实践性要突出教师与学生、学生与学生间的互动，在互动中交流、探讨、内化、提高。

其次，德育课堂的实践性要突出学生动手、动脑能力的培养，使学生面对现实生活中的道德问题时，能够从容地运用自己的道德经验去解决和处理。

2. 德育活动要突出实践性

德育活动应注重学生在活动中的亲身体验，强调学生通过实践活动获取直接经验，即突出实践性。高校具有德育作用的活动很多，如新生军训、社会实践、希望工程等。这些活动可以按照现代德育理念进行科学设计，突出活动中学生对事物的感性认识，充分调动学生的感觉器官与心灵的双向交流，帮助他们把交流中获取的感觉、感知、感情通过思想的过滤、提炼，升华到理性认识，凝结成自己的道德观点。

（四）层次性原则

层次性原则是指高校德育工作要根据不同教育阶段学生的年龄特征和思想品德水平，确定不同的教育方法、教育目标、教育内容和教育要求等，做到因人施教、因龄施教、因情施教。

1. 要因人确定德育工作目标

高校德育工作目标应具备层次性，拟定一套基本的道德要求，分层次、有步骤地引导大学生从低向高、脚踏实地地从基本道德要求向较高道德追求迈进。

2. 要因人确定德育工作的广度和深度

学生的年龄和身心发展水平有所差异，因此其能接受的德育内容的广度和深度不同。高校德育工作要在具体要求、内容上与之相适应。极少数学生存在厌学、心理障碍等情况，如果内容的广度和深度脱离了学生实际，即使内容正确无误，其结果也必然无效或者收效甚微。

3. 要因人确定德育工作的手段和方法

在高校德育工作过程中，教师必须认真研究学生的个性特征，分清其应达到的道德水平，分清其因个体经验、阅历的不同而呈现出的不同个体道德成熟水平，对不同学生选择并实施不同的手段和方法。

第三节　高校德育的体系结构与科学定位

一、高校德育的体系结构

高校德育体系体现的是国家对高校德育工作与学生思想道德素质的全面要求。根据《中国普通高等学校德育大纲》，我国高校德育体系由高校德育的目标、内容、原则、方法、考评和实施管理等部分组成，实际是以施教者、受教者、教育媒介和教育环境等为基本结构的系统工程。

目标和内容体系回答的是高校德育"为什么""是什么"的问题，其不仅是高校德育的价值和地位的体现，也为高校德育发展指明了方向，为德育体系其他要素的设置提供了依据。德育目标是高校德育工作的出发点和最终归宿，明确的德育目标更是构建科学合理的高校德育体系的前提。从根本上来说，我国高校德育的目标就是培养和提高学生思想道德素质，促进学生德、智、体等方面全面发展。

从内容层次上来说，高校德育目标又包含政治目标、思想目标、道德目标等。高校德育内容是根据高校德育目标要求和我国高等教育的根本任务而展开设置的用于形成学生思想道德品质等方面的知识、理论、观点、准则和规范等的总和。当前，我国高校德育内容主要包括马列主义、毛泽东思想和中国特色社会主义理论教育，爱国主义教育，党的路线方针政策和形势教育，人生观教育，道德品质教育，学风教育，劳动教育，审美教育，心理健康教育等内容。

原则和方法体系说明了高校德育"怎样做"的问题，在方法论上指导着高校德育工作和具体实践。高校德育要坚持方向性原则，即要坚持社会主义方向，坚持以马克思主义为指导，坚持以社会主义核心价值体系和核心价值观为引领，朝着正确方向不断发展；坚持理论联系实际的原则，在思想理论研究和教育的过程中要紧密结合当今世界和我国改革开放条件下经济社会发展的实际情况和学生思想实际，重视德育实践化和社会化发展的趋势；坚持继承和创新的原则，不断继承和发扬中华民族优秀传统文化中先进的德育思想和道德精神，继承和弘扬中国共产党领导人民在革命、建设和改革开放历史进程中形成的优良德育传统和先进德育理念，学习并借鉴国外德育理论和实践上积累的成功经验，弘扬传承和人类先进的道德文明，不断进行理论和实践创新，不断改革德育内容与方式方法，使德育更好地满足党和国家对素质型人才发展的需求。同时，高校德育要坚持整体性原则、层次性原则、教育与自我教育相结合的原则、教育与管理相结合的原则等多方面的原则。

考评体系解决的是高校德育"怎么样"的问题，是高校德育发展的制度保障和动力机制。科学有效的考评体系是促进高校德育工作顺利开展和不断发展的重要环节，是实现高校德育目标的重要保证。教育管理机构和高校德育管理部门要根据德育目标、高等教育目标与学校办学和培养人才的具体特点，制定综合、完善的德育考评指标和具体的考评办法，围绕德育的根本目标和具体目标，利用现代的科技手段和科学方法，采用多种有效的考评方式，使阶段性考评和总结性考评、全面考评和重点考评、教师考评和学生考评，以及定性和定量相结合、动态和静态相结合等考评方式能够很好地运用在高校德育的考评中，使高校德育考评可以为高校德育发展尤其是改进德育方式方法等提供更多依据，为更加客观、科学地分析高校德育工作取得的成绩、存在的问题提供依据，为从整体上改进高校德育工作、推进德育创新提供更多参考依据。

实施管理体系回答了高校德育"谁来做"的问题。高校德育必须有健全的领导体制、专门的实施机构、得力的师资队伍、不断完善的制作规范，以及必要的经费投入和各种物质保证等。高等教育管理部门和学校党委必须协同学校行政管理部门，加强对德育工作指导思想、工作方针、总体规划与实施等方面的领导，成立校、院系两级专门的德育领导和管理部门，配备专门的德育管理部门和专职、兼职管理和研究人员，要保证学校党委宣传部、学生工作部、"两课"的教学部门、教务处、学生处、团委等负责德育组织实施的主要职能部门之间能够相互协调、密切配合，形成齐抓共管、有力且有效的德育管理工作机制。需要指出的是，德育体系的基本要素之间相互联动、有机结合，共同构成了高校德育的体系结构。新时代，高校德育体系各个构成要素都在随着整个社会经济、政治、文化的发展和教育体制改革发展而不断实现自我完善，经常处于动态变化之中，因此高校德育发展创新必须高度重视德育体系尤其是实施管理体系的构建工作，形成科学、规范、有效的高校德育运行管理机制。

二、高校德育的科学定位

（一）高校德育要把政治方向摆在首位

坚持正确的政治方向是我国高校德育的首要任务，不仅关乎学生成为社会主义现代化建设的合格接班人的可能，还直接关系到我国高校德育乃至整个高等教育发展的性质和方向。要坚持走中国特色社会主义道路，要实现中华民族伟大复兴的中国梦，培养具有坚定理想信念、坚定政治立场的大学生是必然之选。高校德育要引导和帮助大学生形成正确的政治价值观，具备一定的政治鉴别力、政治敏锐性和政治洞察力，增进大学生对党和国家各项重大政策的理解和认同，使大学生能够成为积极贯彻执行党的路线、方针、政策的坚实力量；教育和引导大学生在改革开放和社会主义市场经济发展的进程中始终自觉维护党和国家及全体人民的根本利益，拥护中国特色社会主义制度，坚持党在社会主义初级阶段的基本路线，树立为中华民族伟大复兴和现代化建设事业奋勇前进的坚定信心、为共产主义远大理想和人类解放而不断奋斗的坚定信念。当前各高校要不断完善学校领导体制，加强高校党的组织建设，加强党对高等教育尤其是高校德育工作的全面领导，确保高校德育沿着正确的方向前进，确保高校德育在高等教育全局中的战略地位和作用得到真正落实；要加强学生党员的思想、组织和作风建设，按照党员的宗旨和标准对学生党员进行经常性的教育，严把质量关，努力做好学生党员的教育、选拔和培育工作，使品学兼优、德才兼备、思想政治素质好、党性强的大学生成为党的队伍的后备资源。

（二）高校德育要以培育和弘扬社会主义核心价值观为核心

社会主义核心价值观是社会主义核心价值体系的抽象概括和提炼，是社会主义核心价值体系的内核和精神实质，是当代中国精神文化层面的鲜明标记。其价值内涵与社会主义道德价值体系具有高度的一致性。作为国家与民族的未来与希望，学生的思想道德状况和价值观取向对社会其他群体的思想发展和价值选择将产生重要的影响，具有特殊的示范引领效应。把学生培养成为自觉践行社会主义核心价值观的示范力量和引领群体，对于国家公民道德建设乃至整个文化繁荣与发展的全局具有重大意义。高校德育要自觉把建设社会主义核心价值体系，培育和弘扬社会主义核心价值观作为中心任务和核心内容，把社会主义核心价值观融入高校德育乃至高等教育整个体系，主动用社会主义核心价值观引领社会风尚和时代潮流，培养学生的民族精神、爱国精神和时代精神，加强集体主义和社会主义荣辱观教育，增强学生对优秀传统文化和党的先进文化的认同，增强学生对社会主义道路、社会主义理论、社会主义制度和社会主义文化的自信，增强学生为实现中华民族伟大复兴的中国梦而努力奋斗的历史使命感和责任感，让学生成为自觉践行社会主义核心价值观的积极力量。

（三）高校德育要以学生为本，促进学生全面发展

以人为本是科学发展观的核心，也是素质教育应当践行的基本价值导向。坚持以科学发展观为指导，加强学生德育工作，必须要把以人为本

的理念贯彻到德育工作的全过程。高校德育的最终目标是通过道德教育提高学生的思想道德素质。要贯彻"以人为本"的价值理念，高校就要坚持以学生为本，坚持以促进学生全面发展为根本的价值原则。比如，高校要充分尊重学生的主体地位，把学生作为德育实践的主体，积极促进学生进行主动、自觉、持续的自我道德教育；尊重学生在思想认识和道德情感上的差异性，将自由、平等、公正、法治等社会主义核心价值观融入校园文化建设，充分发挥"以文化人"的重要作用，积极推进以学生为主体的大学精神和大学文化建设，让素质教育和现代教育的理念贯彻高等教育全部工作，让文化素质教育成为提升大学生思想道德素质和其他各方面素质的强大动力。

（四）高校德育要以学科建设为根基

学科建设不仅是高等教育不断发展的基本依托，还是高校培养合格人才的基础条件和重要保证。在高等教育不断实现跨越式发展的新时代，各高校不断调整学科结构和布局，优化学科设置和学科体系。高校学科建设整体上呈现出基础学科与应用学科、传统学科与新兴学科、特色学科与优势学科共同发展、相互融合、相互促进的发展态势。高校德育要进一步实现自身的学科价值、巩固自身在高校学科体系中的独特地位，必须不断提高学科建设水平，支撑高校德育不断实现创新发展。首先，各级教育主管部门和各高校要重视德育学科建设，把德育学科建设真正纳入高校学科建设总体规划，进一步优化高校学科专业设置，贯彻执行国家教育方针、政策，落实"育人为本、德育为先"的根本理念，赋予德育学科在高等教育中应有的学科地位，并根据不同高校的办学特点和属性，在一级学科、二级学科建设中合理设置德育学科，在加强专科生、本科生德育教学的同时，重视德育学科研究生、博士生的培养和学科建设工作，为培养德育学科建设人才奠定专业基础；其次，各级教育主管部门和各高校要借助学位、学科建设，做好学术梯队建设和人才队伍培养工作，为我国德育工作的发展奠定人才基础。

（五）高校德育要以改革创新为动力，形成不断发展的新合力

改革创新是当今时代精神的核心，是推动中国社会整体发展和政治、经济、文化等各项事业不断进步的精神支柱和力量源泉。改革创新既是我国经济社会持续发展的需要，也是各项社会事业不断发展的动力源泉。高校德育要在新时代战胜各方面的挑战，克服自身发展和价值实现的各种瓶颈，只有不断实现高校德育在内容、方式方法和实践模式等方面的改革创新，才能更好地适应高等教育改革和素质教育全面发展的要求。高校德育改革创新要坚持实践创新和理论创新相结合，贯彻落实科学发展观，吸收新的教育理念和德育思想，不断探索当代中国经济社会发展中出现的新问题、新情况，加强对新时代学生个性心理和身心成长发展的研究，在坚持德育基本规律的基础上研究新的教育形式和教育手段，不断探索新的德育资源，发挥社会团体、党政部门、家庭、学校、教师和学生在高校德育中的作用，形成不同主体之间相互影响、相互促进、良性互动的高校德育合力机制，提高德育的整体效应。

第二章 高校德育的功能

第二章　高校德育的功能

第一节　高校德育功能概述

高校德育功能研究是当今时代提出的重要课题。在改革开放的新形势下，高校德育功能研究具有重要的理论意义和实践价值。这就要求高校不仅要建立完整的知识理论体系，还要把德育放在首位，坚定政治立场，明确政治方向。在这种形势下，高校德育功能作为高校德育的一个重要组成部分，会越来越受到重视，也将发挥越来越重要的作用。

一、高校德育功能的内涵

德育功能指德育系统内部各个要素之间相互作用以及系统与环境之间相互作用所产生的结果。德育具有内部功能和外部功能。德育的内部功能是德育系统内部各要素之间相互作用而形成的。德育的外部功能则是德育系统与外部环境之间相互作用而形成的。德育功能与德育目的和德育效果所侧重的内容是不同的。德育目的是指"想要德育干什么"，是人们的一种主观期望；德育效果是指德育"实际干了什么"，反映德育的实际结果；德育功能则是德育"本来能干些什么"，反映德育原本就应该发挥的作用。[①]

受教育者对教育者的作用表现为教育者的为人师表、教育方法的适

[①] 程建平．现代德育功能论[J]．求实，2004（4）：84-87．

用等，教育者对受教育者的作用则表现为受教育者要积极认同道德规范并严格遵守。高校德育系统与外部环境之间相互作用表现为政治、经济、文化、社会、生态等外在环境对高校德育系统的影响和高校德育系统对政治、经济、文化、社会、生态等外在环境的作用。高校德育系统对环境的作用所形成的功能主要有自然性功能、政治功能、经济功能和文化功能等。高校德育功能也就是德育功能在高校这个特定的环境范畴里的界定。其体系中必然存在德育功能原有的本体要素，不过这些要素在高校中会表现出新特点和新规律。

二、高校德育功能的主要特征

高校德育功能会随着德育功能的发展而呈现新的特征。因此，研究者在研究高校德育功能的主要特征时，应结合德育功能的新特点，加深自己对高校德育功能的认识。

（一）高校德育功能的特定性和发展性

高校德育功能的特定性集中体现为：培养为社会主义现代化服务的高层次人才，以满足社会发展的需要。这是由高校德育功能本身固有的属性所决定的。任何事物都是发展变化的，组成高校德育的内容也不是一成不变的，它会随着不同历史阶段的社会思想、道德水平的发展变化而不断变化。高校德育内容的发展必然促使高校德育功能发生变化。

（二）高校德育功能的直接性与间接性

高校德育功能的直接性主要表现在对受教育者的影响上，其中包括对受教育者的思想水平、培养目标以及价值理念起直接作用。在这里，受教育者就是学生。高校德育应着重关注大学生的个体发展，以培养大学生适应社会的能力。而高校德育功能的间接性主要是指高校德育的社会性功能所起的作用，其主要通过社会性功能间接对社会政治、经济和文化起作用。具体而言，高校德育通过塑造学生个人品质、培养优秀人才去反作用于社会政治、经济、文化，促使整个社会向更好的方向发展。

（三）高校德育功能的适应性与超越性

高校德育功能的适应性主要表现为适应当今社会发展需要，既符合社会主义核心价值观，又适应现实社会人的需要。高校德育功能的适应性是不以人的主观意志为转移的，而是以当今社会生产力发展要求和高校德育的发展目标为依据，必要时还要在原始的基础上进行超越。高校德育功能的超越性则指高校德育在为将来的社会培养有价值的人才，以通过培养学生品德来适应未来的跨越发展。可以这么说，在历史上第一次为一个尚未存在的社会培养新人，是现代德育主导方向。①

三、高校德育功能的研究意义

德育的基本功能在于育德。社会和家庭在培养人的德行的过程中虽然起着重要的作用，但高校是德育工作的主战线，承担着德育任务。要把学生培养成社会主义现代化建设所需要的优秀人才，高校必须发挥德育的重要功能。而随着改革开放的深入发展，在新的形势下，研究高校德育功能更具有重要的理论意义和实践价值。

（一）有利于形成具有中国特色的德育理论体系

将高校德育作为一门科学来研究是当今时代发展对高校德育提出的新的、更高的要求。德育工作是其他工作的前提条件，德育工作搞不好，其他工作都会受到影响。可见，德育工作是非常重要的。它的强大生命力在于随着实践的深入而不断发展。人们说高校德育是一门科学，是说它有

---

① 联合国教科文组织国际教育发展委员会. 学会生存：教育世界的今天和明天 [M]. 华东师范大学比较教育研究所, 译. 北京：教育科学出版社, 1996: 36.

独立的研究领域和研究对象,它有科学的理论基础和理论依据,它有自身固有的规律和科学体系。一门新科学理论体系的形成不是一蹴而就的,需要多方面的艰苦探索和共同努力。因此,研究者研究高校德育功能问题,正是为了更好地形成具有中国特色的德育理论体系而做出的新的尝试。

(二)有利于为社会培养大批"新型"人才

德育是传承人类文明、弘扬社会道德的重要渠道。高校德育是教育过程中的一个重要组成部分,高校德育的主要功能就是为满足社会发展的需要,以学生为教育对象,以学生应具备的思想理论、道德品质为标准,通过确定课程设置、课程内容、教学安排和教学方法,将一定的政治思想、社会道德传递给学生,以促进学生思想政治素质的全面提高,使学生成为新时代的社会主义建设者和接班人,为社会培养大批"新型"人才。

(三)有利于促进大学生的全面发展

所谓人的全面发展,就是人以一种全面的方式,也就是说,作为一个完整的人,占有自己的全面的本质。[①] 全面发展的内涵随着不同历史时期的发展变化而有所不同。在整个社会历史发展进程中,受社会生产力水平和社会环境的限制,人们的思想往往呈现出片面发展状态。因此,研究高校德育功能有利于引导大学生坚持全面发展观,并为大学生的全面发展提供强大的精神动力和智力支持。一般来说,在社会生活中,一个人的知识阅历越丰富,能力水平越强,对社会的贡献就越大。就每个人而言,我们的智力所带来的社会价值不仅取决于专业知识和技能,更取决于政治素质和职业道德水平。在市场经济的大背景下,高校德育功能的发挥有利于引导学生树立科学的发展观,实现个人和社会的全面发展。

总之,高校德育功能就在于促进人的社会化、人格化,形成一个人

---

① 中共中央编译局.马克思恩格斯全集:第42卷[M].北京:人民出版社,2016:123.

的特质。人有德，才能改进自我、发展自我；社会有德，社会生活才能够正常进行。高校德育对学生乃至整个社会都具有重要的作用。学生是祖国的未来，是民族的希望，是国家的栋梁之材。要想把学生培养成对未来社会有价值的人，高校必须重视德育工作，充分发挥德育功能。

四、高校德育功能研究述评

对德育功能展开研究始于20世纪70年代末。在此方面，国内诸多专家和学者提出了自己的观点。具有代表性的是我国知名学者鲁洁，她先后在《教育研究》杂志上发表了一系列关于德育功能问题的文章，全面而深刻地论述了德育的功能，形成了较为系统的德育功能观。概括起来看，其基本观点如下：随着社会历史条件的变迁，在一个充满变革的时期，人们对德育功能的认识有所变化。对于德育的社会性功能的研究，除原本强调的政治功能外，还具有经济功能、文化功能和自然性功能；对于德育的个体性功能的研究，从研究的现状来看，可以发现过去更多的是对个体品德发展功能的研究。鲁洁的一系列文章引起了学术界对德育功能问题的重视。

进入21世纪，对于德育功能问题的研究仍在继续，而关于高校德育功能的讨论也随之深入。总的来看，目前我国高校德育功能的研究主要从以下几个视角进行：

（一）从传统德育与现代德育功能的对比角度来研究高校德育功能的内涵

陈明龙在《传统德育功能观的"终结"和新德育功能观的萌芽》中对传统德育功能和现代德育功能进行了深入的探讨。刘恩允指出德育功能应该具有的作用和意义，并深入分析了传统德育功能观存在的四大问题，即整体功能夸大、社会性功能强调功利导向、个体性功能突出工具理性和教育性功能注重智育化。[1] 程建平在《现代德育功能论》中先阐释了现代德育功能的内涵，解释了德育内部功能、外部功能，区别了德育目的（想要德育干什么）、德育效果（德育实际干了什么）和德育功能（德育本来能干什么），分析了德育功能的特点，接着阐释了德育功能的系统结构，最后提出了现代德育功能的拓展。[2] 综上来看，众多理论研究形成了现代意义上的高校德育功能观，对高校德育功能的内涵也有所界定，但其内涵会随着时代的变迁而发生相应的变化。

（二）从系统论角度来研究高校德育功能的系统结构

檀传宝在《德育功能简论》中提出：德育功能主要包括社会性功能、个体性功能、教育性功能三类。德育的个体性功能、教育性功能的理解和实现应当成为理解高校德育的重要课题。[3] 胡解旺和肖国宁在《论德育的个体价值功能》中提出：从宏观上看，德育的功能有社会功能、政治功能、文化功能和经济功能等诸多方面；从微观上看，德育的个体价值功能最为突出，主要表现为发展功能、规范功能和愉悦功能三个方面。[4] 刘丹娜在《浅谈高校德育的功能》中指出：高校德育具有导向功能、保证功能和育人功能。[5] 综合以上研究，学界基本达成了共识，即把高校德育功能划分出社会性功能、个体性功能和教育性功能；在社会性功能中区分出政治功能、经济功能、文化功能和自然性功能等；在个体性功能方面，普遍强调个体品德发展功能；在教育性功能上，普遍认同教育的育人功能。所有这些功能都将随着社会的变化而发展，其结构也将发生相应的变化。

---

[1] 刘恩允.德育功能观的反思与高校德育目标建构[J].江苏高教，2002（6）：30-33.
[2] 程建平.现代德育功能论[J].求实，2004（4）：84-87.
[3] 檀传宝.德育功能简论[J].中国教育学刊，1999（5）：8-12.
[4] 胡解旺，肖国宁.论德育的个体价值功能[J].嘉应学院学报，2008（2）：35-38.
[5] 刘丹娜.浅谈高校德育的功能[J].中国科技信息，2008（9）：272-273.

（三）从发展的角度来研究高校德育功能的拓展

郑永廷对高校德育功能的研究较为深入，他认为高校德育功能正由单一功能向多样功能发展、由再生功能向超越功能发展[1]。谢廷平在《德育新功能论》中指出：随着信息化时代的到来，德育的社会性功能、个体性功能和教育性功能都有所拓展。基于自然界、社会和人的背景去思考德育的新功能，有助于更好地开展德育实践活动，增强德育的有效性。[2]余敬阳在《市场经济与德育功能的拓展》中提出：德育具有社会性功能、个体性功能和教育性功能。在市场经济条件下，德育的领域不断扩宽，德育功能全面拓展，更新界定德育功能观已成为时代发展的必然要求。扩展表现为德育功能层面扩展、德育功能方式扩展和德育功能力度扩展。[3]由此可见，高校德育功能必然会随着德育功能的拓展而不断地丰富，并表现出适应社会发展的新的特点和规律。

（四）从社会学角度来研究现实社会中的高校德育功能

朱家安在《和谐社会与德育功能》中提出：和谐社会是一个系统概念，它包括了人与人、人与社会、人与自然三个关系系统。德育的个体性功能、社会性功能、生态性功能对构建和谐社会来说是不可或缺的。[4]陈燕在《可持续发展下对德育功能的再认识》中指出：从可持续发展条件下对道德的思考着手，探讨德育与个性培养、自然发展、生态发展的关系，阐述在可持续发展条件下，对德育功能的再认识，提出德育具有政治功

---

[1] 郑永廷. 论高校德育领域与功能发展 [J]. 清华大学学报（哲学社会科学版），2001（1）：10-15.

[2] 谢廷平. 德育新功能论 [J]. 韶关学院学报（社会科学版），2002（8）：110-113.

[3] 余敬阳. 市场经济与德育功能的拓展 [J]. 河南师范大学学报（哲学社会科学版），2005（5）：191-193.

[4] 朱家安. 和谐社会与德育功能 [J]. 教育研究与实验，2006（3）：24-27.

能、经济功能和生态功能。[①] 杨红梅在《论现代媒介环境下高校德育的功能》中提出：在现代媒介环境下，高校德育的导向功能、中介功能和创设环境的功能日益突出。[②]

总的来说，高校德育功能的相关研究已有一定发展，取得一些成果，但这些研究主要集中在理论层面，实践措施并不多，仍需归纳和建构一套完整的高校德育功能体系。

第二节 高校德育功能的系统结构

结构是指系统整体与各要素之间相互联系、相互作用的方式和秩序。德育结构是指德育自身所包含的各种因素及其相互关系。从系统论的观点来看，高校德育作为一个相对独立的系统，它不断地与外界环境和自身内部的各种要素发生着信息的交换，实现着自身的功能。笔者认为高校德育功能主要由宏观社会环境的社会性功能、中观学校环境的教育性功能和微观个体思想道德方面的个体性功能三部分构成，这三部分相互促进、相互影响，共同作用于高校德育功能。

一、高校德育的社会性功能

德育的社会性功能是德育系统与外部环境相互作用产生的结果。高校德育的社会性功能则受外界环境中的政治、经济、文化等方面的直接影响。政治思想对高校德育起到指引方向的作用；经济制度、经济发展水平对高校德育起决定性的作用；社会文化对高校德育起到潜移默化的渗透作用。这些社会性功能构成了一个宏观的德育功能系统。

---

① 陈燕.可持续发展下对德育功能的再认识[J].南宁师范高等专科学校学报，1999（4）：65-66.
② 杨红梅.论现代媒介环境下高校德育的功能[J].孝感学院学报，2004（4）：93-96.

第二章 高校德育的功能

（一）高校德育的经济功能

高校德育的经济功能主要表现为高校通过增强受教育者的思想道德修养、创新精神，确保当今经济发展水平沿正确的轨道前行，引导受教育者在今后的生活和发展中，用可持续发展的眼光看待经济利益，处理好眼前利益与长远利益、局部利益与整体利益的关系。

（二）高校德育的政治功能

德育的政治功能主要在于促进社会公平正义，维护世界和平、团结、合作。但德育的政治功能随着历史的变迁而不断变化发展，社会的经济、政治、文化和生态直接影响德育政治功能的实现。高校德育的政治功能是使受教育者坚定政治方向、发展政治意识、形成政治自觉，通过政治引导把学生培养成坚持社会主义道路、坚持社会主义法律标准、自觉用社会主义核心价值观要求自己、具备较好的道德品质的社会主义事业的接班人。

（三）高校德育的文化功能

高校德育的文化功能的实现多依赖各种不同的文化情境对受教育者进行熏陶，使受教育者在共同价值规范中提高自身适应社会的能力、解决文化冲突的能力和文化创造的能力。这一功能具有多重意义，主要涉及文化传承、文化创新、文化交流与文化发展等方面。

在文化传承方面，高校德育的文化功能主要体现在对中华优秀传统文化的弘扬和传承上。通过创设各种文化情境，德育工作者引导受教育者深入了解民族文化，感受传统文化的魅力，从而培养学生的民族自豪感和文化认同感。

在文化创新方面，高校德育的文化功能体现在培养学生的创新意识和创新能力上。面对时代的变革和社会的发展，德育工作者在实际的工作中需要不断进行自我更新，并鼓励受教育者创新，培养他们独立思考的能力，使他们在思想交流和文化碰撞中发现新的思路，从而在一定程度上推动文化创新。

在文化交流方面，高校德育的文化功能体现在培养学生的国际视野和跨文化交流能力上。随着全球化的发展，高校需要培养具有国际视野的学生。因此，德育工作者必须兼顾中外文化的传统与现代元素，让受教育者在了解本土文化的同时，也能够感受世界各地的文化魅力。这有助于增进学生对不同文化的理解和尊重，促进国际友谊与合作。

在文化发展方面，高校德育的文化功能体现在推动社会文化发展和促进个体全面发展上。作为推动社会发展的重要力量，德育工作需要与时俱进，适应社会的需求。高校应关注学生的个性发展和全面素质教育，使德育工作更具针对性和实效性。同时，高校要关注社会热点问题，将德育与实际问题结合起来，使学生在解决现实问题的过程中提升自己的道德品质。

此外，高校德育的文化功能还体现在培养学生的社会责任感方面。德育工作者应引导学生关注社会、关爱他人、服务社群，培养学生的社会责任感和公民意识。只有具备这种意识，学生才能在未来的社会生活中发挥积极作用，为国家和民族的发展贡献自己的力量。

总之，高校德育的文化功能在文化传承、文化创新、文化交流与文化发展等方面具有重要意义。它通过创设各种不同的文化情境对受教育者进行熏陶，使他们在共同价值规范中提高自身的综合能力。在这一过程中，高校德育工作不断完善，为培养具有道德品质、国际视野和社会责任感的优秀人才奠定了坚实的基础。

二、高校德育的教育性功能

德育的教育性功能是指德育结构系统内部的结构关系，是德育的价值教育属性。高校德育的教育性功能要求把大学生塑造成具有健全人格和完整品行的人。概括来说，高校德育的教育性功能主要体现在以下几个方面。

第二章 高校德育的功能

(一)高校德育的目标导向功能

高校是为国家培养专业人才的重要场所,其中心任务是培养社会主义现代化建设所需要的优秀人才。高校德育目标在德育活动中具有重要作用,且贯穿德育活动的全过程。德育的目标是引导学生的思想和行为向积极方面发展。首先,作为高校德育的主体,学生具有"心理不成熟、行为个性化、易受外界影响"的特征,必须用先进的思想和正确的意识形态对学生进行价值理念的培养。其次,随着改革开放和社会主义现代化建设的发展,各种各样的文化现象开始出现。此时,处在价值观形成时期的部分学生对这些文化的判断能力仍有待提高。因此,我国高校德育建设必须明确目标:一是要坚持社会主义的办学方向,以习近平新时代中国特色社会主义思想为指导,努力为社会培养更多优秀人才;二是要坚持以社会主义核心价值观为指引,充分利用高校德育的目标导向功能,将符合社会发展的正确的价值观融入高校德育建设之中,在校园内形成正确的价值导向,使广大学生在高校文化的熏陶、影响下,树立适应社会发展的正确价值观;三是坚持以理想信念教育为核心,弘扬时代发展主旋律,倡导爱国主义、集体主义、社会主义价值观念,引导学生树立远大的政治理想,树立正确的道德观、价值观。

(二)高校德育的规范约束功能

高校德育的教育性功能指高校在长期的教学实践中形成的行为规范具有指导和约束的功能,对大学生的行为具有普遍的约束力。但是,高校德育的规范约束功能不同于法律、纪律等其他社会约束手段,它通常通过校园制定的规章制度与行为规范等方式,警醒学生要按照规章制度办事,自觉地将道德规范内化为行为习惯,提高自身的思想意识与道德水准。

(三)高校德育的育人开发功能

高校德育的育人功能是指高校通过提高学生的思想道德素质，完善学生的世界观、人生观和价值观，帮助他们树立自己的人生目标。立德树人是教育事业发展必须始终牢牢抓住的灵魂，其不但对我国高校的人才培养提出了要求，而且为大学生思想政治教育指明了方向。在新的历史条件下，高校德育要进一步树立"育人为本，德育为先"的观念，提高大学生的思想政治素质，充分发挥高校德育的育人功能。

高校德育的开发功能是指高校通过德育调动学生的内在潜能，使学生充分发挥其主观能动性。高校可以理论知识为基础，开辟、扩展课堂教学，激发学生的积极性、主动性和创造性，积极开展形式多样的活动，充分发挥学生的优势和特长，使学生既学习知识，又提高道德情操。

三、高校德育的个体性功能

德育的个体性功能指德育对受教育者的个体发展产生的实际影响。高校德育的个体性功能主要表现为对受教育者思想道德素质的培养，促进其全面发展。概括地说，高校德育对个体具有生存、发展和享用三方面功能。

(一)高校德育的个体生存功能

高校德育最根本的目标是赋予学生科学的价值观、道德原则和行为规范。这些观念、原则、规范看起来是约束个体的理念，实则能够促使学生在现实生活中生存下去，同时，个体具有充分的社会性，其能秉承社会赋予的力量，最大限度地完成既定目标。在个体社会化的过程中，高校德育可通过培养学生的自我意识，促使其与现实社会均衡发展，进而达到认知、情感和行为的统一，形成正确的道德观念，确立健康的道德标准，提升个体生存质量。

（二）高校德育的个体发展功能

高校德育的个体发展功能是高校德育对个体品德结构发展起到的作用。当学生个体品德建构过程中缺乏方向指引时，高校德育应充分发挥导向机制，保证学生品德沿着正确方向发展；当学生个体品德社会化过程与现实发生冲突时，高校德育要发挥调控机制的作用，帮助学生构建结构合理的道德知识系统，实现道德原则和道德规范协调发展。

（三）高校德育的个体享用功能

高校德育的个体享用功能就是高校德育能使学生实现自身发展的某种需要，并通过习得知识和实践体验，获得思想上和精神上的满足。高校德育的个体享用功能可使学生在实践锻炼中形成良好的品德：一方面，它使学生个体与周围环境和谐发展，形成良好的人际关系，适应社会发展需要；另一方面，它使学生树立良好的品格和正确的价值理念，能够以一种审美眼光去瞰视人生，并从中获得审美的愉悦。

第三节　高校德育功能的发展趋势

随着社会的发展和时代的变迁，高校德育功能也在不断演变。当前，高校德育功能的发展趋势主要表现在以下几个方面：

一、全面素质教育的深入实施

高校德育工作正逐渐从单一的道德教育向全面素质教育转变。全面素质教育注重学生德、智、体、美等多方面的发展，要求德育工作不仅重视学生的道德品质培养，还要关注学生的心理素质、创新能力、团队协作能力等方面的培养。因此，高校德育功能的发展趋势要求德育工作更加全面、系统地开展，注重培养学生的多元素质。

二、德育与专业教育的融合发展

在新时代背景下，高校德育功能的发展趋势要求德育工作与专业教育相结合，实现德育与专业教育的融合发展。具体而言，高校可以通过课程设置、教学方法等方面的创新，将德育内容渗透到专业课程中，使学生在学习专业知识的同时，提升道德品质和社会责任感。此外，高校还可以通过实践教学、课外活动等方式，提供德育与专业教育相结合的实践平台，使学生在解决实际问题的过程中提升道德素养。

三、科技手段的广泛应用

高校德育功能的发展趋势要求德育工作充分利用现代科技手段，提升实效性。随着信息技术的迅速发展，高校德育工作可以借助网络、多媒体等科技手段，开展线上德育课程、线上心理辅导、线上道德讨论等活动，拓宽德育工作的途径，提升德育工作的效果。此外，高校还可以通过大数据、人工智能等先进技术，实现德育工作的个性化和精准化，更好地满足学生的成长需求。

四、国际交流与合作的加强

在全球化背景下，高校德育功能的发展趋势要求高校与国际一流高校加强德育研究与实践合作，引进国外优秀的德育理念和方法，丰富和完善国内高校德育体系。此外，高校德育工作还应注重培养具有国际视野和跨文化沟通能力的人才，提升学生的适应力和竞争力；通过开展国际交流项目、组织海外实践活动、引进国际德育课程等方式，促进德育工作的国际化发展。

五、注重心理健康教育

当前，高校德育功能的发展趋势要求高校注重对学生的心理健康教育。为此，高校可通过开展心理健康教育课程、组织心理辅导活动、建立心理咨询服务体系等方式，帮助学生树立正确的心理健康观念，提高学生的心理适应能力，促进学生的全面发展。

六、强化社会实践与服务学习

高校德育功能的发展趋势要求高校培养具有社会责任感和使命感的人才。高校可以通过开展志愿服务、社会调查、实践教学等活动，让学生走出校园，深入社会，亲身体验社会生活，提高道德素养和社会责任感。此外，高校还应将服务学习纳入德育课程体系，通过实践性、参与性的学习方式，帮助学生将道德理念转化为实际行动，实现德育工作的内化与外化。

七、推进德育评价体系的改革与创新

为适应高校德育功能的发展趋势，高校德育评价体系也需要进行改革与创新。具体而言，高校应构建具有科学性、有效性、公正性和可操作性的德育评价体系，将学生的道德品质、心理素质、创新能力等多方面因素纳入评价范围，实现德育评价的全面性和多元性。同时，高校德育评价体系应注重过程性评价和综合性评价，以反映学生德育成长的连续性和多维性。必要时，高校还应引入社会力量参与德育评价，增强评价的客观性和权威性。

八、提升德育工作者的专业化水平

高校德育功能的发展趋势要求提升德育工作者的专业化水平。具体而言，高校应加大对德育工作者的培训力度，提高其德育理论素养、教育教学能力和实践操作能力，以适应德育工作多样化、复杂化的新要求。同时，高校应加强对德育工作者的职业发展支持，提供更多的发展空间和资源，激发德育工作者的工作热情和创新精神。

九、深化德育研究与创新

高校德育功能的发展趋势要求高校加强德育研究与创新。高校应建立健全德育研究机构，引导教师和学生参与德育研究，推动德育理论体系的完善和发展。此外，高校还应关注国内外德育研究的最新成果和动态，及时引入先进的德育理念和方法，不断推进德育工作的改革与创新。

十、加强家校合作与社会共建

高校德育功能的发展趋势要求高校加强家校合作与社会共建。具体而言，高校应与家庭、社会等多方力量共同参与德育工作，形成协同育人的格局。例如，高校可以与家长建立良好的沟通机制，共同关注学生的德育成长；与社会企业、公益组织等合作，为学生提供丰富的实践平台和资源。通过家校合作与社会共建，高校德育工作将更好地发挥其功能，为学生的全面发展提供有力支持。

总之，高校德育功能的发展趋势呈现出多元化、融合性、国际化、科技化等特点。在新的历史条件下，高校应紧密结合社会发展需求和教育改革的新要求，不断推进德育工作的创新与发展，培养具有高尚道德品质、全面素质和国际竞争力的人才。为此，高校应抓住德育功能发展趋势的主要特点，加强德育课程体系建设、深化德育评价体系改革、培养专业化的德育工作队伍、加强德育研究与创新、深化家校合作与社会共建，等等，为学生的全面发展提供有力保障。同时，高校要关注国内外德育发展的新动态，不断引入先进的德育理念和实践，努力提升德育工作的水平和实效。

第三章

高校德育的价值

第三章 高校德育的价值

第一节 高校德育价值概述

一、高校德育价值的内涵

价值是一个具有广泛意义的范畴。任何时代的人们，在认识和改造世界之时，都会根据自己的需要进行价值追求与价值选择。对于价值的含义，许多先哲先贤也从不同角度进行过认真的思考与探索。马克思（Marx）曾对价值的含义做出过这样的描述：价值这个普遍的概念是从人们对待满足他们需要的外界物的关系中产生的，它是人在把成为满足他的需要的资料的外界物……进行估值，赋予它们以价值或使它们具有"价值"的属性。[1] 按照马克思的观点，价值是一种关系范畴。从价值哲学视角看，外物是客体，人是主体，而价值正是在主体与客体发生关系时，因客体满足了主体某种需要而产生。价值主体的需要是价值形成的根由，价值客体具有满足主体需要的属性是价值形成的条件，价值就在主客体之间需要与满足的关系中得以创造与生成。

德育价值问题是德育的基本问题。德育价值既体现为德育价值在德育中的地位与作用，也包括了德育价值的概念、本质与意义。从地位角度看，德育价值是德育目标确定的依据，是德育工作的出发点与落脚点。从

---

[1] 马克思.工资劳动与资本[M].朱应会，译.香港：世界文化出版社，1949：14.

概念内涵看，德育价值就是作为客体的德育活动对作为价值主体的社会、个人的需要满足与否、促进与否的关键。德育价值反映的是德育活动的属性、功能与德育价值主体需要之间的关系。[1]"价值是主体的需要在客体功能属性上的对象化反映。德育价值是德育价值主体的需要在德育这一客体功能属性上的对象化反映。"[2]德育价值的实现还有赖于德育价值客体属性满足德育价值主体的需要的功用属性以及德育客体与德育主体需要的现实关系。德育价值的实现程度取决于德育客体即德育实践活动反映德育主体需要以及满足德育主体需要的程度。德育价值客体是反映或满足德育价值主体需要的对象。作为德育价值客体的德育实践活动，具有培养人、造就人的特殊属性。德育实践活动不仅要依据社会的发展对个人的"德"的需要，还要根据品德形成与发展规律，提高德育对象的道德境界、人格品质。因此，高校德育价值应当是德育主体需要与德育客体功能属性的辩证统一。德育客体满足德育主体需要的程度即德育价值得以实现的程度，德育主体即学生的德行的形成与完善、价值观的培养、思想道德行为及价值取向与社会的德行要求、价值规范、道德行为原则的较高的符合度则是高校德育价值的现实表现。

二、高校德育价值的特征

高校德育价值作为价值主体与价值客体之间的一种关系属性，具有一些明显的特征。综合来看，高校德育价值主要具有以下三个特征。第一，客观性与多样性。所谓客观性，就是指高校德育价值是客观存在的，有高校德育活动的存在，就必然产生高校德育价值；所谓多样性，是指由高校德育价值主体的需要丰富多样造成的高校德育价值的多样性，既可以表现为高校德育的政治价值、经济价值和文化价值，也可以

---

[1] 赵祖地.论德育价值的本质与形式[J].学校党建与思想教育，2013（4）：43-45.
[2] 王立仁.德育价值论[D].长春：东北师范大学，2004：14.

表现为高校德育的道德价值、审美价值和功利价值。第二，主体性与为我性。由于学生是高校德育价值的承载者、实现者和享用者，高校德育实践活动的组织与设计、高校德育作用的发挥等都离不开学生的主观能动性，离不开学生的主观认识与体验，也离不开学生的现实追求。道德情操和价值观念培养本身，既是一种价值创造过程，也是道德价值主体的价值享用过程，因而高校德育价值必然带有明显的主体性与为我性。第三，直接性与间接性。高校德育价值的直接性是就德育具有的个体价值而言的，它对大学生个体的生存、发展与享用具有推动作用。高校德育价值的间接性则是就德育具有的社会价值来说的，旨在通过学生的品德提升来间接地对社会政治、经济、文化乃至生态发挥积极作用。

第二节　高校德育价值的实现路径

一、更新高校德育价值理念

新时代我国经济社会的发展，人们思想活动的独立性、选择性、多变性和差异性的日益增强，既为高校德育工作者解放思想、创新思维、更新价值观念等创造了时代条件，为德育对象的道德素养提升提供了丰富的思想文化资源，也给高校德育带来了前所未有的冲击和挑战。新时代高校德育价值理念必须与我国经济社会的发展相适应，必须与社会主义先进文化建设的要求相适应。

（一）坚持马克思主义价值观的主导地位

当代社会多元化文化的存在，多样化价值取向的并存，既是一种社会进步的表征，显示社会发展的活力，也是对社会主流价值观念的挑战。高校德育承担着维护主流意识形态主导性地位和提升人们思想道德素养的任务，其中实现人的自由全面发展是高校德育的最高价值目标和理想。马克思主义的出发点是实践活动的人,归宿点是人类的解放。[①] 马克思主义追求的社会主义核心价值也是人的彻底解放与自由全面发展。因此,高校德育需要深入挖掘马克思主义价值观对高校德育的内在价值,需要用马克思主义的一元价值导向引导学生的多元价值取向,用社会主义先进文化武装学生的头脑,提高学生自觉抵御错误思潮和腐朽生活方式的能力。

(二)坚持社会主义核心价值观的引领

德育价值观是德育的核心问题,建构核心德育价值观体系是当代德育的价值追求。多元文化的存在与发展,多元性价值取向和多元性价值观的交织与碰撞,既挑战着传统的德育价值理念,也冲击着社会主义核心价值体系。高校是社会主义先进文化的倡导者、宣传者、推动者和实践者,理所当然应该自觉坚持社会主义核心价值体系的引领,坚持社会主义先进文化前进方向,追求真善美,抵制假恶丑。高校德育必须以社会主义核心价值观为德育核心价值理念,以马克思主义中国化的最新理论成果指导德育实践,用优秀文化培育学生,帮助学生形成良好的道德品质和行为习惯。

(三)坚持以人为本的德育价值理念

就高校德育而言,以人为本的理念就是以学生为本的理念。高校德育的宗旨与任务是立德树人。满足学生的成长发展的需要是实现立德树人的目标所在。维护成长发展需求,就要尊重学生的权利和尊严,尊重学生的主体地位,承认学生的发展差异,尊重学生自我发展的积极性、主动性和选择性,满腔热忱地支持学生的追求与进步,进而在引导、帮助学生自主发展、能动发展中实现德育价值的创造。

[①] 全家悦,张博.马克思主义价值观与思想政治教育[J].中共太原市委党校学报,2012(5):70-72.

（四）坚持生活化的德育价值理念

高校德育应该与整个社会生活密切联系，树立生活化价值理念。德育过程是一个知情意行统一发展的过程，德行的养成是道德实践磨炼、体验与感悟的结晶。就道德而言，道德存在于生活中，是一种生活状态和生活方式。道德不属于任何一个特定的生活领域，相反，道德可以穿过这些并不坚固的边界，弥散于生活的方方面面。日常生活是道德发挥作用的根据地。社会的转型及德育价值的创造呼唤社会实践中学生的主体性及道德人格的觉醒。因此，德育需要从规训式模式走向指导式模式，从理想世界走向现实生活世界，实现公共生活领域的道德与个人生活领域的道德的统一、个人生活的和谐和自我完善与社会公共秩序建立的和谐一致，从而真正提高德育的针对性、实效性、吸引力和感染力。

二、科学设定高校德育内容

高校德育内容是德育目标和德育标准的具体体现，是德育实践的前提和基础。德育主体对德育内容的诠释、传输和德育对象对德育内容的接受，既是德育的基本过程，也是德育价值实现的基本过程。高校只有科学设定高校德育内容，才能更好地实现德育的价值。

（一）高校德育的内容应根据社会需要来确定

在德育实施过程中，德育主体根据社会需要对德育内容进行确认设定，进而开展诠释与传输。"社会要求的内容必须与人的思想水平相适应，必须与社会发展水平相适应。"[1] 社会要求的内容不能高于德育对象的接受能力，不能脱离社会发展的实际。过于理想化的内容，超越德育对象可能接受的实际能力，就难以实现德育的应有价值。

---

[1] 王立仁.德育价值论[D].长春：东北师范大学，2004：14.

（二）高校德育的内容应根据生活需要来确定

德育是使人获得生活意义的重要手段。一方面，生活需要德育，因为生活需要理性，理性的生活才是有意义的生活。另一方面，生活本身具有德育功能，它规限着人的观念和行为，培养着人的德行，体现着人的存在价值与意义。① 高校德育的内容应反映现实生活需要和符合时代发展趋势，如此才能突出针对性、实效性、吸引力和感染力，才会被德育对象自觉接受和认同。②

（三）高校德育的内容应根据对象的实际来确定

高校德育内容的设定，既要针对德育对象的道德状况，也要针对德育对象的发展需求。只有适应现实需要的内容，才能适应现实的需要。德育价值的实现，不能离开德育对象对社会要求的接受，也不能离开自我发展的需求。德育对象对德育内容的接受、外化为行为，既取决于社会发展的需求，也取决于德育对象自我发展、自我追求的需要。"德育的重要任务，就是塑造个体健全的理想人格，使大学生个体形成崇高丰富的精神世界，形成符合社会所需要的品格、思想境界、道德情操等。"③ 可以认为，社会个体对思想品德的需要是德育价值得以实现的内部动力。德育实践的过程也就是德育走进对象内心世界，实现德育价值的过程。德育起到了满足社会个体德行需要、丰富社会个体精神世界的作用，也必然起到了维护社会秩序、培养社会所需人才的作用，当然也就实现了德育应达到的意义。

三、创新高校德育方式方法

高校德育价值的顺利实现不仅有赖于德育主体的能动性、德育目标

---

① 王仕杰.论人的需要的德育价值[J].教育研究与实验，2010（1）：40-44.
② 刘霞.论高校德育的应有理念[J].大学教育科学，2007（3）：31-33.
③ 赵祖地.论德育价值的本质与形式[J].学校党建与思想教育，2013（4）：43-45.

的合理性、德育内容的科学性，也有赖于德育方式方法的改革与创新。

（一）德育方法的适切性

在德育活动中，为了完成德育任务，教育者所采取的各种方式和手段都是德育方法的体现。德育方法直接服务于德育任务和德育目的，是实现德育价值与功效的重要保证。离开了适切的德育方法，德育价值也就难以实现。在长期的德育实践中，高校已创建了系统的德育方法，主要有理论灌输法、实践锻炼法、自我教育法、榜样示范法、比较鉴别法、咨询辅导法等。要不断增强德育效果，必须选择那些有利于实现德育意义的德育方法。第一，重视互动式、讨论式、体验式的德育方法；第二，坚持启发性、引导性、民主性的德育方法；第三，实施多种德育方法的优化组合，使之产生整体效应和最佳效果。只有选择适应德育对象的心理诉求和发展需要、充分调动德育对象内在热情与动力的德育方法，高校才能最大化地提升德育的价值。

（二）德育途径的创新性

德育既是一种实践活动，是一种价值生活，又是一种丰富多彩的价值创造活动。"不可能单靠理论武装取得预期的教育效果，更不能设想依靠学校的教科书厘清所有的道德伦理问题。"[①] 就高校德育而言，其途径除思想政治理论课这一主渠道和各科教学这一基本途径之外，还包括党政部门、学生社团组织的各项专题活动及实践活动。从宏观视角看，学校管理、校园文化等实际都是德育的途径。每种德育途径都蕴含着独特的德育价值和德育功能。要实现德育的价值，高校必须关注德育途径的选择与创新。网络德育、隐性德育、生态德育等都是当下高校德育需要关注的重要德育渠道。目前，高校在渠道的创新上主要应做好以下几方面：既要重视

---

① 刘先义.价值论视域中的德育本质[J].当代教育科学，2006（3）：5-7.

德育的理论引导，又要重视实践环节的渠道创新；既要重视道德教化与法纪的约束，又要重视环境的陶冶与榜样的影响；既要重视显性的德育渠道，又要重视隐性的德育途径。高校只要不断创新德育途径，就能有效拓宽德育价值实现的路径。

（三）德育手段的先进性

随着科技的发展，人们获得信息的途径发生了很大的改变，网络成为实现德育价值的新阵地。信息技术和网络媒介给高校德育带来了全新的教育手段和教育理念。在网络技术与新媒体的影响下，高校德育的内容与形式得到了丰富。音频视频资料选择、教学课件的制作、德育情景的课堂再现、德育网页的开辟等，都显示了德育手段的先进性，有效增强了高校德育的感染力和说服力，提升了德育的实效性。

四、提升高校德育队伍素质

高校德育工作队伍是实现德育价值的组织保证，提升高校德育队伍整体素质是创造德育价值的必然要求。新时代德育工作环境的变化，客观上加大了德育工作的难度。高校德育的新形势、新任务要求高校德育队伍的整体素质与之相适应。但当下高校德育队伍整体素质与实现德育价值功能的需要之间还存在相当大的差距，影响了德育功能的发挥。

（一）提高高校德育工作者的思想政治素质

德育工作者的思想政治素质既是德育工作者的德行，也是其情感态度和价值观。从政治思想角度看，高校德育工作者必须坚持正确的政治方向，具有优良的思想道德修养和良好的社会责任感，在事关政治原则、政治立场和政治方向的问题上与党中央保持一致。从情感角度看，高校德育工作者必须具有热爱国家、热爱民族、热爱社会主义的政治情感，具有热爱学生、热爱事业的爱生爱岗情感，具有好奇心、求知欲、成就的动机和探索的积极性。从态度角度看，高校德育工作者必须以平等的态度对待学生，以开放的态度对待外界事物，以虚心的态度对待不同的意见和批评，以真实的态度看待自己的能力与不足。从价值观角度看，高校德育工作者必须具有敬业精神、献身精神、进取精神，具有坚定的马克思主义信仰。

（二）注重德育工作者的自我发展

高校德育工作者是德育价值的行动者和创新者，其思想政治素质、理性自觉的程度及对德育活动的投入程度关涉德育活动的成效。工作者的敢于质疑、独立自主、充满自信、追求真理的人格素质在德育价值创造过程中起着潜移默化的作用。在一定程度上，高校德育价值的创造过程也是高校德育工作者"育己"的过程。因此，提升高校德育工作者的整体素质，必须关注德育工作者的自我发展，激励德育工作者的自我发展，使他们在育人中得到快乐，在求知中得到发展，在创造德育价值中实现自身的价值，在德育价值创造活动中实现自身的发展与成长。

五、构建高校德育良好环境

环境是人的思想品德形成的必要条件。人的精神世界的丰富程度在某种程度上来自其所处的环境。很多时候，人的品德和心理是环境熏陶和磨砺的结果。可见，环境对人的思想品德的形成具有很大的影响。具体到德育实践中，优良的德育环境对学生的品德发展和德行养成同样具有重要作用。

（一）充分利用社会环境的积极因素

社会经济、政治和文化环境对高校德育价值的创造有着重大影响。党和政府不断推进社会主义物质文明、精神文明、政治文明、生态文明、社会文明建设，为高校德育创造了良好的外部环境条件，全社会重视和不断强化的诚信建设为高校德育创设了有利的社会氛围和舆论氛围。高校德育价值创造应充分挖掘和利用社会环境的积极因素及其育人功能，动态调整高校德育价值创造与社会环境之间的矛盾，增强德育价值创造的时代感和针对性；通过各种媒体媒介，引导德育对象正确认识和对待社会环境的影响；[①] 充分利用和开发我国历史上丰富的德育文化资源，从传统美德中汲取营养；抓住一切有利于振奋民族精神的重大活动、重大事件，营造爱国主义教育环境，提升德育对象的民族精神和社会责任感；积极开展社会实践活动，让德育对象在社会实践中增加德育体验与感悟，产生正确的道德认知。

（二）加强校园环境建设

校园环境是学生德育的重要载体，与学生德育效益密切相关。高校校园的物质环境和精神环境体现着学校的价值观念和目标追求，以及学校的精神风貌、个性特色和社会魅力。饱含德育目标要求的校园物质环境包括精心设计的校园建筑风格、独具特色的基础设施、浓郁的校园文化氛围、和谐的文化精神，是熏陶、引导、感染学生情操和提高素质的无形力量，也是激发学生求知欲，培育学生道德素养，帮助学生树立正确的人生观、世界观，塑造优良个性品质的重要载体。高校加强校园的物质文明、精神文明以及生态文明建设，引导学生自己动手创建优美的校园环境，可以营造一种良好的人文氛围和奋发向上的校园精神环境，使学生受到潜移默化的教育和熏陶，发挥德育环境对德育价值实现的积极作用。

（三）构建良好的网络环境

随着时代的发展，互联网作为传播信息的新媒体，越来越成为高校

---

① 刘晨. 略论社会环境对民办高校德育的影响及其对策[J]. 新西部（下旬·理论版），2011（9）：187，180.

师生获取知识和信息的新途径。具有虚拟性、交互性、丰富性、高效性、全球性、开放性、自由性等特征的网络环境，对师生的学习、生活、工作乃至思想观念产生着广泛而深刻的影响。高校德育网络环境的形成给高校德育工作带来了新的发展契机，也使高校德育工作面临着严峻挑战。充分利用网络环境是高校德育适应社会发展的需要。2017年，中共中央、国务院印发的《关于加强和改进新形势下高校思想政治工作的意见》中指出："要加强对校园各类思想文化阵地的规范管理，加强校园网络安全管理，营造风清气正的网络环境。"依照党和国家的部署，高校必须构建良好的德育网络环境，如通过校园网和德育网页、网站，拓展德育的途径和空间；通过网络平台，与德育对象经常进行对话交流，共议热点和难点问题。德育工作者也要及时了解和掌握德育对象的思想动态，不断增强德育的主动性、针对性和实效性，必要时还要运用技术、行政和法律手段，加强对网络信息的管理，严防有害信息进入，牢牢把握网络德育和网络管理的主动权。

第四章

高校德育管理

第四章　高校德育管理

第一节　高校德育管理概述

一、高校德育管理的内涵

（一）管理的一般含义

在人类的历史上，自从有了有组织的活动，管理活动也随之出现。协作劳动导致管理的产生。"凡是有许多人进行协作的劳动，过程的联系和统一都必然表现在一个指挥的意志上，表现在各种与局部劳动无关而与工厂全部活动有关的职能上，就像一个乐队要有一个指挥一样。"[①] 马克思这段话论述了管理的重要性。只要是有人群的活动和协作劳动，就一定有管理的存在。生产协作劳动的范围越广，管理的必要性越大。目前，管理的定义尚未统一，以下是几种代表性的观点。法国工业家法约尔（Fayol）认为："管理是一种智能，被分配于领导人与组织成员之间，主要体现在计划制订、组织指挥、协调与控制等方面。"[②] 普拉克特（Plunkett）、阿特纳（Attner）等把管理定义为"一个或多个管理者单独或集体通过行使相

[①] 中共中央编译局.马克思恩格斯全集：第25卷[M].北京：人民出版社，2016：431.
[②] 法约尔.工业管理与一般管理[M].王莲乔，吕衍，胡苏云，译.成都：四川人民出版社，2017：51.

关职能和利用各种资源来制定并实现目标的活动"①。

我国徐国华等人认为:"管理是通过计划、组织、控制、激励和领导等环节来协调人力、物力和财力资源,以期更好地达成组织目标的过程。"② 周三多认为:"管理是指组织为了达到个人无法实现的目标,通过各项职能活动,合理分配、协调相关资源的过程。"③

综观国内外多位专家对管理概念的论述,笔者认为管理是管理者为有效支配和协调资源,通过实施决策、计划、组织、领导、控制等管理职能,使自己和他人一起实现既定目标的活动过程。

(二)高校德育管理的基本内涵

高校德育管理是指高校或高等教育行政部门,根据高校德育的性质和任务,在遵循德育客观规律的前提下,通过实施决策、计划、组织、领导、控制等管理职能,协调高校德育活动中的各种关系,有效地组织、调动和利用高校内外各种德育资源和相关要素,优化高校德育环境,实现德育目标的过程。比较高校德育管理和高校德育的概念,人们可以进一步加深对高校德育管理特点的认识和把握。两者的区别主要表现在以下三方面:一是德育管理对象是影响德育效果的德育资源和相关因素,而德育的对象只有学生,其针对的是学生的思想和行为;二是德育管理是一种提高德育实效性的特殊管理活动,而德育是把一些具体的德育信息传递给学生,引起学生思想和观念的转变;三是德育管理是一个实现德育目标的过程,而德育是社会与教育者、教育者与受教育者之间的一种教育活动。

---

① 普拉克特,阿特纳,艾伦.管理学:满足和超越顾客期望[M].沈阳:东北财经大学出版社,2006:30.
② 徐国华.支持性人力资源实践、柔性战略与绩效[M].南京:东南大学出版社,2013:14.
③ 周三多.管理学[M].第3版.北京:高等教育出版社,2000:15.

二、高校德育管理的基本职能

职能是指人、事物、机构应有的作用。从人的职能角度讲,职能是指一定职位的人完成其职责的能力;事物的职能一般等同于事物的功能;机构的职能一般包括机构承担的职权、作用等内容。具体地说,职能就是事物本身具有的功能或应起的作用。高校德育管理的基本职能主要包括决策与计划、组织、领导、控制四方面的内容。这些职能在实际应用中不能完全分割开来,而是相互融合在一起的。

(一)决策与计划职能

决策是管理的一项基本职能,其主体是管理者。它是管理者识别并解决问题的过程,或者管理者利用机会的过程。计划就是为了实现决策确定的目标,提前进行的行动安排。决策和计划既相互区别又相互联系。区别的是决策是对组织活动方向、内容以及方式的一种选择,计划则是一种具体的安排。它们之间又有着密切的联系,决策是计划的前提,计划是决策的一种逻辑延续,没有决策就不能完成计划,没有计划也实现不了决策。在具体的工作和实践中,决策与计划是相互渗透的。

高校德育决策就是为实现既定的目标提出若干个可行性方案进行比较,选择最优行动方案的过程。高校德育决策包含以下过程:一是诊断问题。管理者要能够发现高校德育存在的问题,知道哪里需要行动。二是明确目标。管理者需要在发现问题的基础上确立德育目标。三是拟订方案。一旦德育目标被正确地识别出来,高校德育管理者就要提出达到目标和解决问题的各种方案。四是筛选方案。这一步是确定各种方案的价值或恰当性,找到最满意的方案。五是执行方案。选定方案之后,管理者要对选定的方案组织实施。六是评估效果。对方案执行效果的评估是指将方案实际的执行效果与德育管理者当初设立的目标进行比较,看是否出现偏差,及时收集反馈信息,以确保决策目标的顺利实现。

高校德育计划是高校德育决策的组织落实过程。将组织在一定时期内的活动任务分解给组织的每个部门、环节和个人，这样不仅为这些部门、环节和个人在该时期的工作提供了具体的依据，还为决策目标的实现提供了保证。[①] 高校德育计划的内容包括以下几个方面：第一，提出做什么（what），明确高校德育的目标与内容。第二，说明为什么做（why），这也是阐述完成事情的原因。想要充分调动高校德育工作者的工作热情与激情，更好地实现高校德育目标，明确计划制订的原因和目的是十分必要的。第三，指出谁去做（who），明确实施计划的有关部门和具体工作人员。第四，指出何地做（where），要明确计划实施的地点或场所，了解计划实施的环境。第五，指出什么时候去做（when），规定了计划开始和完成的时间，并且明确计划中间的时间分配，以便更充分、更优质地运用学校的德育资源。第六，怎样做（how），这明确了计划实施的方式和手段。

高校德育的决策与计划是指引高校德育活动的蓝图，在高校德育管理活动中具有重要意义。

（二）组织职能

组织有两层含义：一是指两个以上的人在一起为实现某个客观的、外在的共同目标而相互协助行动的集合体。这是从组织本身作为一个实体的角度来考虑的。二是指作为一个实践过程的组织，是安排集体各项活动的过程。作为德育管理的一项基本职能，高校德育管理中的组织就是建立并利用学校的组织机构和工作范围，科学配置并有效使用学校的各种资源，将高校德育过程中的各要素连接成一个系统，强化德育管理，将计划付诸实施并实现德育目标的过程。

高校德育组织包括以下几个方面：一是设计高校德育组织结构。当

---

① 周三多. 管理学 [M]. 第 3 版. 北京：高等教育出版社，2000：111.

德育目标确定以后，德育管理者应先将德育内容进行分类，把联系密切或者性质相似的工作进行合并，成立相应的工作部门，接着根据具体的管理内容来确定德育的纵向管理层次，最终形成一个完整且丰富的系统。二是分权和授权。确定了德育组织结构形式以后，德育管理者就要根据具体要求进行适度的分权和正确的授权。分权表示德育管理的职权由高层管理者分派给各管理层和各部门。授权就是把权力委任给各个管理层和各个部门的过程。三是组建德育队伍。在科学设计德育组织与分权和授权的基础上，高层管理者还应该科学地配备德育人员。这里包括人员的选拔、培训、考核、任命奖惩以及对其行为的激励等。四是德育活动的组织与实施。为了实现德育目标，高校德育管理者应在决策、计划的基础上充分调动各种管理资源，做好协调和保障工作，开展丰富多样的德育活动。

高校德育的组织是高校德育决策和计划得以实现的根本，也是高校德育管理者对高校德育进行有效控制的前提，是实现高校德育管理目标的基础。

（三）领导职能

"领导"从名词和动词的角度来考虑有两种含义：名词属性的"领导"指"领导者"；动词属性的"领导"指领导者所从事的活动。

领导职能中的"领导"就是指在一定的组织或者团体中，通过管理者的引导、指挥和协调实现既定目标的过程。

领导职能的发挥在一定程度上取决于德育管理者的素质和能力。德育管理者在管理过程中，要有清醒的头脑、宽广的胸怀，能够高瞻远瞩、运筹帷幄，能给组织成员指明组织活动的目标和达到目标的途径；可以协调好组织成员之间的关系，营造和谐的工作氛围，让全体组织成员乐于为共同的目标努力；能为组织成员提供发展的空间。

三、高校德育管理的研究意义

（一）理论意义

第一，有利于进一步深化高校德育管理理论研究。构建科学有效的高校德育管理体系的关键在于明确新时代高校德育管理水平应该从哪几方面提高，以及如何提高才能不断适应高校德育管理思想、管理理论与时俱进的要求。这些都需要从理论上加以探讨和分析。近年来，学界围绕高校德育管理科学化进行了一定的探讨，但这方面的研究仍缺乏系统性。本研究立足高校德育管理的基本职能，结合时代发展，对高校德育管理的内容与模式进行探讨，并对我国高校德育管理现状进行实证研究，在此基础上探讨新时代实现高校德育管理科学化的对策。

第二，有利于不断丰富和发展高校德育管理理论。在高校德育过程中，高校德育管理在很大程度上保证了德育的方向、功能、效率和质量。

（二）实践意义

第一，有利于提高高校德育管理水平。理论是为实践服务的。本书分析高校德育管理的现状，找出差距和不足，有利于高校德育工作的开展，具有重要的实践意义。

第二，有利于增强高校德育管理的实效性。德育管理的有效性制约着高校德育的有效性，这方面一直是高校德育管理的热点和难点。将高校德育管理的理论研究应用到实践活动中，使理论与实践相互促进、互为指导，这对提高高校德育管理水平非常重要。

第二节 高校德育管理的内容与模式

一、高校德育管理内容

高校德育管理的内容是高校德育管理功能的具体化，也是组成高校德育管理活动的基本方面。高校德育管理内容的具体实施直接关系到德育资源的配置和使用，决定着高校德育管理效果。只有明确了高校德育管理的内容，管理主体才能很好地行使自己的职能，从而保证高校德育管理目标的实现。高校德育管理内容是一个体系，包含许多方面。在这里，笔者依据管理学的基本理论，结合目前高校德育工作的实际情况，对高校德育目标管理、高校德育过程管理、高校德育队伍管理这几方面内容进行阐述。

（一）高校德育目标管理

高校德育目标是指高校德育在一定的阶段和环境里应培养学生政治思想、道德品质等达到的规格要求。它是高校德育工作成效的衡量尺度，广泛地应用于德育活动中。高校德育目标管理是依据高校外部环境和内部条件的整体平衡，确定高校德育组织在一定阶段内预期达到的成果，制定出德育目标，并为实现该目标而进行的组织、激励、协调、控制、评估等工作的管理方法和制度。

高校德育目标管理的实施分四个部分：一是确定德育工作目标。德育工作目标的确定是一个复杂的过程，它包括确定德育目标和德育要素改善目标两部分，而且必须遵循目标的统一性、系统性、预见性、科学性和时限性这五个方面的基本原则。二是展开德育工作目标。这个步骤就是将学校德育工作目标从上到下层层分解落实，包括分解目标、提出目标对策、协商目标、明确目标责任、绘制目标展开图五方面内容。三是实施德育工作目标。目标的实施过程就是高校德育目标经过确定和展开，由高校德育系统上下按照既定目标要求，同心协力，分工协作，一同努力实现的过程。目标的实施在目标管理中占有非常重要的地位。四是德育工作目标成果的评估。在确定目标、展开目标以及实施目标的基础上，高校应对这个过程的成果做出正确的评估，以总结阶段目标管理取得了哪些成效，出现了哪些问题，发扬优势、改掉缺点，为以后的工作做好准备。

（二）高校德育过程管理

高校德育过程就是把社会积极向上的思想观念、道德规范转化为受教育者的道德品质的过程。德育过程是教育者和受教育者共同参与、相互作用的一种有目的、有计划的活动过程。高校德育过程管理就是监督德育过程、保证德育计划与德育具体活动相适应的管理职能。高校德育过程管理主要是对人的管理并由人来执行，它具有整体性和动态性，是提高德育工作者能力的重要手段。

高校德育过程管理的目的就是使德育活动严格遵守德育过程的环节，具体可从控制德育活动的四个环节展开：一是建立正确的德育过程管理标准。这个标准是德育过程管理顺利开展的前提，是评估德育工作的尺度。二是促进德育过程要素的有机互动与有效配置。在德育过程中实现各种资源和各要素之间的有机互动与有效配置是德育过程管理的根本目的。三是检查德育实际偏差信息。德育实际情况或者结果有时会偏离预定标准要求，了解和掌握这些偏离信息是德育过程管理的重要环节。通过衡量，高校可以检验德育过程管理标准是否客观和有效。四是实施改正措施，纠正德育实际偏差。在分析并掌握德育实际偏差后，高校要采取一系列科学、有效的措施来消除偏差，以保障德育工作的顺利进行。

（三）高校德育队伍管理

高校德育队伍就是高校德育工作的组织者和实施者。德育队伍包括思想政治工作者、马克思主义理论课和思想品德课教师、政治辅导员、其他学科教师和教育工作者以及社会力量。高校德育工作者的自身素质直接决定着高校德育的效果。高校德育队伍管理就是按照一定的思想和路线，通过科学实施人力资源管理，组织和建设高校德育队伍，最大限度地调动和发挥高校德育工作者的工作热情和创造性，全面且高效地实现德育目标的过程。

高校德育队伍管理主要包括以下几个方面：一是选拔高素质、高质量的德育工作者。在为德育队伍选拔人才的时候，高校要坚持高标准选留德育人员，把政治素质硬、专业水平高、综合能力强、热爱德育工作的人才选拔到德育队伍中来。二是明确德育工作者的职责。德育队伍有多个岗位，每个岗位的工作职责不同。明确德育工作者的职责是德育队伍管理的重要环节。三是对德育队伍的培养。面对新形势、新环境，高校德育工作也需要不断发展，建设一支德才兼备、高效精干的德育工作者队伍。这就需要高校对德育工作者进行实时的教育和培养，并使之制度化。四是完善德育工作者的激励机制。只有合理地组织德育工作者进行德育活动，不断协调德育队伍之间的关系，科学管理德育工作者的绩效，为德育工作者提供展现自我和发展的空间，才能从根本上提高德育工作者的工作效率，既快又好地实现德育目标。五是加强对德育队伍的评估。评估是德育队伍管理的基本环节。高校要建立健全德育工作者的考核制度，加强德育工作的日常管理。

二、高校德育管理模式

"模式"即一般可以作为范例、模本的式样。模式是一定事物通过程式化的处置成为同类事物可以参照模仿的活动形式或操作样式。高校德育管理模式就是指在一定思想理论的指导下，经过长期的管理实践而定型的德育管理结构及其配套的实施策略。高校德育管理模式是一种管理模式，是运用"模式"的研究方法，对在德育现象中逐步形成的、相对稳定的、较为系统且具有典型意义的德育管理经验，加以抽象化、结构化，使之形成特殊的理论形态。模式往往具有典型性、示范性、可操作性。在高校德育管理活动中，管理模式不是只有一个，而是若干个模式的组合。

（一）我国高校德育管理模式分析

改革开放以来，高校德育管理工作在党和政府高度重视、各级教育主管部门正确指导和广大高校德育工作者的努力下，初步形成了一套较具特色的德育管理模式。我国高校德育管理主要有三种模式：一是传统型高校德育管理模式。高校德育管理的领导者、管理者根据自己的实际经验，经过冷静思考后，结合现实发生的具体情况提出解决问题的办法。二是行政型高校德育管理模式。行政型高校德育管理模式需要一个具有权威性、层次性的行政组织作为支撑。这个组织的层次性必须鲜明，具有严格的制度，各层级的职责、权利、义务都有详细的规定。三是科学型高校德育管理模式。在这种模式下，高校要从科学理论出发，运用科学研究的方法对管理对象进行管理，对管理要素和管理过程进行质与量的分析，发现它们之间的关系，并以此为管理决策的依据。

（二）我国高校德育管理模式的几个转变

高校德育管理模式关系着高校各个系统的整体合力的发挥，关系着高校德育工作的落实。由于时代的发展和人们生活方式的转变，高校德育内容的时代性、德育对象的复杂性、德育环境的多变性日益突出。这些都要求高校德育管理模式做好以下转变：

一是从封闭型管理向开放型管理转变。高校德育管理必须适应时代的发展和社会的要求。在当前经济全球化时期，高校德育管理绝对不能封闭保守，要放开视野、加强交流，积极学习和借鉴相关的成功经验。

二是从经验型管理向科学型管理转变。当今社会，高校德育管理必须从经验型管理向科学型管理转变，以客观事实为依据，从实际出发，遵循事物的发展规律，遵循科学的程序规范和方法规范，严格按规章制度办事。

三是从事务型管理向素质型管理转变。高校德育管理必须从事务型管理向素质型管理转变，承认和尊重学生的自身价值，全面提高学生的个人素质，注重开发学生的潜能，形成以学生的自由和全面发展为根本的管理模式。

四是从行政型管理向民主型管理转变。高校德育管理必须从行政型管理向民主型管理转变，发扬民主作风，坚持民主方法，如此才能更好地提升管理效果。

五是从灌输型管理向渗透型管理转变。高校德育管理必须从灌输型管理向渗透型管理转变，积极创造各种条件让被管理者在参与实践中获得切身感受，以潜移默化的形式对其进行教育和管理。

六是从单向型管理向全员型管理转变。高校德育管理必须由单向型管理转向全员型管理，使管理者、教师和后勤服务人员都成为育人主体。只有把单向管理转为全方位、全过程的全员管理，高校德育管理才能取得更好的效果。

以上六个转变说明现代高校德育管理模式是开放创新、科学规范、民主平等、有效可控、以人为本的全新管理模式。只有不断发展、完善和创新，高校德育管理才能更加科学有效，德育目标才能顺利实现。

第三节　高校德育管理的科学化对策

目前，我国高校德育管理有其优越的一面，但不可否认，仍有部分方式方法有待提高。高校必须根据新时代高等教育的形势变化，实现科学化的德育管理。

一、创新高校德育管理体制机制

高校德育管理体制是高校德育管理的核心问题。高校德育管理工作包括德育管理的领导体制、机构和制度在内的体系和制度。[①] 面对高校招生规模的扩大，高校之间并校改革，学校德育管理工作人员紧缺，我国高校德育管理必须实行在党委统一领导下，党政群、各有关部门和全社会共同实施的学生德育管理的新体制。这种新的体制有利于高校党委对高校德育工作的统一领导和部署；有利于高等学校全方位、全过程育人，把高校德育工作贯穿教学、科研、管理、后勤服务的各个环节；有利于高校各部门教职员工在德育职能的实施过程中发挥更大作用；有利于不断改善高校德育硬件条件，在高校德育方面增加经费投入，把高校德育工作做实做好。

总之，创造及改进适应全面改革开放和社会主义市场经济新常态的德育工作机制，是机制创新研究的首要目标。高校必须建立一种能够科学决策、有效执行、及时反馈和有效调节的管理机制，不断提高高校德育管理水平，促使德育工作快速走上科学管理轨道。

二、拓展高校德育管理途径

面对新情况、新环境，只有及时拓展高校德育的管理途径，德育管理工作才能更加高效。

（一）内化与外化相结合

内化是指受教育者在教育者的帮助下，或者在其他社会教育因素的作用下，接受社会的政治观点、思想体系、道德规范并转化为自己的个体意识，也是个体不仅真正地相信、接受和遵守社会的思想政治、道德要

---

① 班华.现代德育论[M].合肥：安徽人民出版社，2004：276.

求，而且自愿将这些要求作为自己的价值准则与行为依据的过程。[①] 外化是指个体将自己内心的观念、信仰、价值观和行为模式表达出来，并融入社会和文化环境的过程。在这个过程中，个体通过言语、行为、习惯、艺术和其他形式，使内化的内容逐渐体现在外部世界，从而影响和塑造社会和文化环境。外化可以看作内化的对立面，是个体与社会共同发展的一个重要方面。内化与外化的结合，实际上就是理论与实践的结合。一般而言，理论内容需要通过实践的过程才能真正地转化为人们的行为习惯。高校德育管理要坚持理论基础与实践经验相结合，在学习并掌握中央精神、上级文件和专业理论知识的基础上，增加实践环节，把这些思想和知识运用到具体的活动中去，并逐渐变成学生的一种习惯和基本素质。如此，德育工作才具有实际意义。

（二）外部教育与学生自我管理相结合

外部教育要求管理者在高校德育工作中积极指导学生关注自身的身心健康发展，关注自身的心理状态变化，不断提升学生的自我调节水平，帮助学生提高承受困难和挫折的能力，让学生保持健康体魄和快乐的心境；要注重对学生自学能力的培养，指导学生探索适合自己的学习方法，形成良好的学习习惯；帮助学生加强情绪控制力；指导学生学会在生活中科学消费、理财。学生自我管理要求作为群体管理组织领导者的学生干部，在各项活动的开展中充分发挥自身作用。外部教育和学生自我管理相结合能够有效提升德育管理效果。

（三）传统教育与网络道德教育相结合

随着信息技术的不断发展，网络渗透到人们生活的方方面面，影响力日益扩大，已经成为人们学习知识、进行交流和工作的重要途径之一。

---

① 张耀灿，陈万柏.思想政治教育学原理[M].北京：高等教育出版社，2001：18.

面对这样一种时代性的传播媒体，管理者要具备敏锐的洞察力，将网络强大的力量应用到教育管理工作中去，创造健康、科学的网络德育环境。只有将传统教育优势和网络道德教育结合起来，德育管理才能更加科学和高效。

三、加强高校德育管理队伍建设

加强高校德育管理队伍建设是建设高素质干部队伍的内容之一。高校德育管理干部队伍作为德育管理工作的主体，其整体水平直接影响着高校德育管理的效果。从客观上讲，要想推进高校德育管理的科学化过程，高校德育管理队伍建设必须进一步加强和改进。首先，强化人才、发展、统筹、能力、创新、人本等意识。这些意识能够协调推进队伍建设，提升干部工作技能，破解队伍建设深层矛盾，营造和谐稳定的环境氛围。其次，要以较高起点来谋划高校德育管理队伍建设。高校要运用科学公平的方法做好高校德育管理队伍的选拔和考核工作；要认真开展高校德育管理队伍的教育和培训工作；要全面促进高校德育管理队伍走向职业化、专业化。最后，要正确地协调高校德育管理队伍建设各要素的关系。这主要包括以下几方面：处理好数量与质量的关系，保障队伍结构的优化；处理好责任与薪酬的关系，协调物质激励与精神激励；处理好做人与工作的关系，促使队伍思想素质与专业素质的提高；处理好动态与静态的关系，把握好队伍的流动与稳定工作。

四、实现高校德育管理评估的科学化

在高校德育管理中，依据一定的德育管理目标以及评估标准，系统全面地搜集信息、分析解释，并通过科学的方法和正确的途径，对德育管理工作的效果进行正确评价，为进行科学的德育管理决策提供依据的过程就是高校德育管理评估。评估作为高校德育管理过程中的重要环节，发挥着重要作用。高校德育管理评估的科学化是新形势下顺利开展高校德育工

作、提高高校德育管理工作水平的需要，具有重要的理论价值和实践意义。高校德育管理评估的科学化需要从设置科学的评估方法、强化评估的管理功能、改进评估的组织工作三方面着手。

（一）设置科学的评估方法

高校德育管理评估是一项十分复杂的工作，如果方法得当，就会产生事半功倍的效果。因此，高校德育管理评估要实现科学化，就必须有科学的评估方法。

一是坚持动态评估与静态评估相结合，以动态评估为主。动态评估是把评估对象放在一个整体的、运动的过程中去评价和估量。因为评估对象本身就处在一个不断运动、不断发展的过程中，一时的考评情况不能完全决定高校德育管理评估的结果，应该从一定时间、空间和社会序列进行系统的了解。在评估中，管理者既要看到德育管理的起点，也要看到现在的实际情况，更要看到未来的发展趋势和高校德育管理的潜在能力。但是，静态评估也不能忽视。这种评估通过横向的时空对比来分析受评对象，便于对一定阶段的德育管理效果做出静态的客观评价。在评估中，管理者既要看到评估对象的现实表现，又要看到其历史发展。这种以动态评估为主、动态与静态相结合的评估手段是全面和高效的。

二是坚持定性评估与定量评估相结合，以定性评估为主。定性评估是把受评对象的整体及其性质进行分析综合，得出一种描述性的评定。定量评估是运用数学方法估量德育管理工作的成效，这种评估方法精确、客观。在评估中，定性和定量互为基础，定性是整个德育管理评估的出发点、直接目的和最终结果，两者紧密相连。所以，只有定性与定量评估有机结合，评估结论才能更加准确、客观、完整。

三是坚持全面评估与重点评估相结合，以全面评估为主。对高校德育管理整体水平进行评价和估量属于全面评估，而在此基础上选择德育管理过程中的某一点进行重点分析和考评属于重点评估。全面评估和重点评估有各自的优势，只有将两者结合使用，既考虑全面性又考虑针对性，才能得到更有价值和更具说服力的评估结果。

（二）强化评估的管理功能

高校德育工作管理过程的调节和控制主要依据高校德育评估的结果和反馈的信息。这是实现高校德育管理目标优化的重要手段，也是提高管理质量的有效保证。

一是加强评估的评定指导作用。高校德育管理评估是对德育管理的实际价值进行评定，这可以发现问题、肯定成绩，促使评估对象明确发展方向、改正问题、发扬优点，提高管理工作的质量。

二是加强评估的目标调节作用。在评估中，管理者要分析各个时期的工作效果，预测达到目标的程度，基于此对管理目标进行一定的调整。这种目标的调整对加强高校德育管理、调整管理目标具体实施计划有着重要的作用。

三是加强反馈控制作用。评估的反馈贯穿管理过程，渗透在管理过程的各个环节之中。在评估过程结束之后，管理者要反馈有价值的信息。这是高校德育管理过程中获得信息的主要渠道，也是实现控制的主要依据。只有重视信息反馈工作，保障反馈信息的渠道畅通，并加以制度化的规范，反馈的信息才能更加全面、准确和及时。

（三）改进评估的组织工作

高校德育评估的有效实现，需要有一个健康、科学的组织作为保障。

一是领导者对评估工作的高度重视。各级党政领导干部必须重视高校德育评估的作用，做好顶层设计，为评估工作提供相应的人力资源保障和物质保障，推进评估工作的顺利进行。

二是评估主体要有责任意识。评估主体要对评估意义有充分的认识，要有很强的责任感和事业心，精心组织和实施评估工作，做到公平、公正、公开,保证评估结果真实反映高校德育管理的水平。

三是形成全员评估意识。单纯靠领导者和评估工作者完成工作是不够的。评估需要全体成员参与,做好他评与自评。评估高校德育管理的效果,除了评估主体和评估对象参与外,还需要相关部门及社会组织积极参与进来,关心和支持评估工作,为评估提供更加真实、准确和全面的判断依据,使高校德育评估成为人人参与的整体性、高效性行为。

第五章

高校德育多要素协同创新

第五章　高校德育多要素协同创新

第一节　高校德育理念的创新

德育理念创新指人们对德育认知态度、指导思想和基本思路等进行的创新。德育理念创新的前提和基础是坚持"以人为本"的思想，承认并尊重学生在德育过程中的主体地位，重视学生作为个体的内心认同、思想接受等主体能动反映，把塑造学生的健康人格、实现学生的全面和谐发展作为德育的根本出发点。迈入21世纪，我国高校德育的外部环境和教育对象发生了很大的变化。伴随社会实践的重大变化，作为意识形态领域重要内容的高校德育，在继承优良传统的基础上，必然要不断进行创新，真正实现育人之功用。

一、高校德育理念分析

（一）"以人为本"的德育理念

"以人为本"是德育理念的本质内容，是加强和改进高校德育的核心思想。坚持"以人为本"的德育理念，根本目的在于对人性的唤醒和尊重，广泛地调动人的积极因素，充分地激发人的创造活力，最大限度地发挥人的主观能动性。强调"以人为本"就是强调学生的主体地位。这里有四层含义：一是德育工作者要充分认识到自身工作的重要性，增强使命感和责任感，在教育教学过程中不断提升自己的道德素养。二是德育工作者要全方位关心、爱护学生，充分尊重学生，促进学生人格的完善及道德终极价值关怀的实现。传统的德育目标是纠正学生思想、行为上的偏差，起到教育、规范的作用，而"以人为本"的德育新理念强调学生具有自身的尊严和人格，重视情感因素的作用。三是德育的根本目的是使学生成长成才。高校德育要为学生的成才与发展服务，把服务学生放在首位。德育方式要由过去的被动灌输型转变为主动吸引型，要充分发挥学生的主体性、能动性和创造性。德育工作者要深入学生，和学生做朋友，了解他们的所思所想，针对学生思想需求和变化开展教育，甘当学生成才的服务者。四是德育工作者必须充分调动学生内在的积极性和主动性，真正把德育做到学生的心里去。

（二）系统规划、整体推进的德育理念

要做好德育工作不仅要靠德育工作队伍，还要靠全体教职工；不仅要靠课堂，还要靠课外；不仅要靠高校，还要靠社会、家庭的大力支持和参与。这里就提出了一个系统规划和整体推进的理念。

高校德育是一项系统工程，应该形成全员育人格局。所谓"全员"，就是在强调对学生加强教育的同时，注重教师的人格形象。教师高尚的人格形象能对学生起到情感沟通、形象净化、行为示范等作用。高校的教职员工在进行教书育人、服务育人、管理育人的同时，要以其高尚的思想道德、良好的行为规范、严谨的治学态度对学生起到耳濡目染、潜移默化的作用。一方面，德育队伍必须依靠全员的渗透作用才能使德育和其他各方面结合，提高德育的深度和针对性；另一方面，德育队伍要提高全员育人的认识程度，充分发挥全员育人的积极性、主动性，如此才能使德育变得生动、具体。在全员育人的过程中，高校应要求教职工明确自己肩负的德育使命，形成统一的教育思想，言传身教，打造一种德育环境，以氛围影响学生。

高校德育是一项整体工程。首先，它需要党委统一领导，党政工团

齐抓共管。德育存在相互作用和相互依存的要素，包括学校的宣传、学生工作、后勤、组织、人事、教学等部门，也包括教师和学生。其次，高校德育工作受中小学德育工作的影响，更受社会大环境的影响，是与中小学德育、整个社会大环境相互作用的。从横向上看，高校只是德育工作中的一个环节，家庭、社会在德育工作中具有重要作用。因此，高校必须努力形成高校、家庭和社会相互配合的工作格局，系统规划，整体推进，以保证德育的效果。从纵向上看，青年思想道德素质的培养是一个动态的过程，德育工作也是一个动态发展的过程。在系统规划方面，高校德育还要重视与中小学德育的衔接，防止各个阶段教育的脱节。尤其高校要加强研究，准确把握教育规律，了解不同教育阶段学生的身心特点、思想实际和理解接受能力，充分体现科学性、循序渐进的要求，科学地设置德育课程，从而使学校德育更具科学性和针对性。

（三）实践育人的德育理念

实践是人们能动地改造和探索现实世界的一切社会性的客观物质活动。人们只有通过实践才能"知行合一"，才能实现从理论学习向内在品质的转化。可见，实践对于人们形成正确的认识有举足轻重的作用。树立德育实践观，就是要求高校在德育中高度重视实践育人的作用，切实加强德育的实践性，使学生在德育的实践中自己得出正确的结论并逐步养成正确的行为规范和优良品格。一般而言，社会实践具有以下德育价值：

第一，社会实践是政治和道德知识的检验场，是强化政治和道德认识的途径。社会实践有助于学生进一步明确真、善、美与假、恶、丑的标准；有助于学生把自己与他人进行适当的比较，从而为自己找到合理的评价参照系，体悟到社会对自己的殷切期望；有助于将学到的道德知识运用于实践。在实践中，学生面临复杂的行为选择、评价，其掌握的理论知识可以逐步实现创造性转化，变成高超的智慧和良好的日常习惯，形成积极的社会适应性。

第二，社会实践是高校德育倡导的积极精神的重要载体。实践教育的直接结果是逐步培养学生的实践观念。实践活动有利于培养学生热爱劳动、热爱人民、珍惜劳动成果的思想感情；有利于培养学生的创新精神，吃苦耐劳的作风，协作观念、全局意识和奉献精神，劳动纪律意识，以及艰苦创业、勤俭节约的优良品质。

第三，社会实践是学生获得道德体验的主要方式。学生可以通过社会实践体验劳动过程的复杂与艰辛，体验劳动取得成果时的喜悦，体验劳动的社会意义和个体价值，体验劳动过程中人际和谐、团队合作的必要性，体验劳动过程中的科学精神、创新意识对社会发展的重要意义。

第四，社会实践是学生通向社会的桥梁，是个体适应社会角色的途径。社会实践作为人的社会化的重要途径，在促进高等教育与未来社会发展相适应以及在有限的学校教育里使学生逐步完成社会角色的转变方面，发挥着十分重要的作用。

因此，高校要加强实践环节，通过让学生广泛参与社会实践，增强学生的道德体验，促进其道德养成和基本素质的提高。

（四）开放性的德育理念

当今世界是开放的世界，德育更是面向世界的开放的教育。当前德育应从全人类的共同利益出发，强调人类的共同发展和共同进步，要注重培养人的开放意识以及竞争合作精神。进入21世纪，国际政治经济形势比较复杂，现代科学技术突飞猛进，人们的理想和信念也面临着新的挑战。在此情况下，高校德育必须深入社会生活实际，必须适应我国社会的发展要求，以增强其实效性。

树立开放性的德育观念，必须扩大德育的视野。高校德育必须从政治的高度，深入开展社会主义、爱国主义、集体主义教育；坚持科学发展观，坚持"以人为本"，促进和谐社会建设；努力克服当前高校德育中的封闭性，拓宽思路，在德育目标、内容、方法方面增强开放性，以促进学生个性的发展和德育的实效。

德育创新是高校素质教育的灵魂，德育理念的创新是高校德育创新的灵魂。通过理念创新推动内容、方法、环境、机制等其他方面的创新，不断在实践中探索前进，这是推进学生德育的长久之道。高校德育工作者只有坚持解放思想，实事求是，与时俱进，以发展的眼光审视高校德育，以扎实的工作推动高校德育，树立"以人为本"的德育理念、系统规划和整体推进的德育理念、实践育人的德育理念、开放性的德育理念，并且把这些德育理念不断地落实到德育实践中，才能使德育真正与时俱进。

二、高校德育理念创新路径——以"以人为本"为例

高校德育理念不仅是一个观念或理论上的问题，更是一个具体实践问题。因为理论终究要回归实践，并接受实践这个唯一标准的检验。对高校德育理念的创新建构，不是对传统德育的简单抛弃，而是在继承基础上的新的探索，在反思基础上的积极扬弃与超越、提升。高校"以人为本"德育理念的创新建构，实质上就是通过对传统德育的继承和新的探索，在思想、理论与实践层面切实体现"以人为本"，真正使"以人为本"这一理念成为德育思维的根本性逻辑支点，成为德育实践的根本原则。

（一）牢固确立为了学生与依靠学生相统一的观念

在人类发展的历史长河中，人始终是科技发展、社会进步的主人与目的，更是世界发展的动力与灵魂，"以人为本"的理念正是这一思想的重要体现。"以人为本"不仅回答了为什么发展，即发展"为了谁"的问题，还回答了怎样发展，即发展"依靠谁"的问题。它主张人不仅是发展的根本目的，也是发展的根本动力，并认为只有两者有机统一，才能构成"以人为本"的完整内容。因此，高校建构"以人为本"的德育理念，必须在指导思想上牢固确立"为了学生"与"依靠学生"相统一的观念。

1. 一切为了学生

"以人为本"的高校德育理念的根本含义是以人为中心，一切为了人，一切依靠人。其中更为根本的是一切为了人。高校德育的发展就是"一切为了学生""为了一切学生""为了学生的一切"。这就要求高校切实做到以下几方面。

第一，高校要将学生的成长成才作为德育的出发点和归宿，把关爱学生作为德育工作的基础，合理利用学校的有效资源做好德育工作。

第二，高校要在课堂教学中建立师生双方的互动模式，切实尊重学生的情感需要，尊重学生的个性与主体性需求，注重学生对德育知识的内化与吸收，切实调动学生的学习积极性，提高学生的德育实践能力，从而让学生达到德育知识的融会贯通，并自觉做到学以致用。

第三，高校要关注学生自身价值的实现与社会的归属感，尊重、重视每一位学生正当的利益需要与人格尊严，如积极为优秀学生、学习干部及学生党员创造有利条件，保障他们更好地成长与成才；对家庭经济困难的学生，给予情感的关怀与真诚的帮助，帮助他们建立自信；对那些存在潜在的心理问题的学生，给予重点的关注，予以适当、积极的引导，让他们更加健康地成长。

第四，高校要树立全方位育人的理念，切实为学生营造良好的环境与获得全方位培养的氛围，通过创造性地开展一些体验式课堂教学、素质拓展游戏、进行主旋律教育等丰富多彩的活动，让学生在提高能力的同时，达到形成良好的道德素养与行为习惯的目的。

第五，高校要通过学风建设、班级和宿舍的日常管理，通过鼓励学生对各种实践活动的积极参与，培养他们的协作精神、创新精神与科研能力；以个人或团体的方式，对学生进行必要的辅导，帮助学生较好地完成自我认知，做好自己的职业生涯规划，从而切实减轻学生面对严峻的就业压力时产生的心理负担，更加自信地迎接美好的明天。如此，方能切实提高高校德育的针对性与实效性。

2. 一切依靠学生

"为了学生"是"以人为本"高校德育理念的价值追求，其必须建立在"依靠学生"的基础之上。因为"依靠学生"是真正实现"以人为本"的力量源泉与动力之源。诚如著名学者罗国杰教授所说："停留在他律阶段的道德规范，无论人们怎样尽职地去遵循它，它终究是一种外在于道德主体的'异己'力量；只要道德主体尚未将道德规范内化为自己的道德品格，尚未走完从他律到自律的历程，那么道德规范的道德性就是不完全的，即不是严格意义上的道德规范。"[1]康德（Kant）也认为，道德是人为自身的立法。[2]德育应该是人内在的自觉需要，而非任何外在的强制。因此，"以人为本"高校德育理念的建构及取得实效，归根到底还要靠学生自身的努力。这就需要在观念上实现学生由高校德育的客体到主体的转变，即尊重学生作为"人"的本质特征，切实把学生看作高校德育工作的主体，认识到学生具有高度的独立性、自主性、能动性、创造性与主体性，尊重学生的需要、自由、尊严与终极价值，尊重学生自主话语权、取向权与选择权，不断造就学生新的能力、素质、行为与活动方式，培养学生的主体意识与审美情趣，丰富学生的经验与学识，发挥学生的潜能，提高学生的实践能力，塑造学生高尚品德与良好品质；充分发挥学生的主观能动性，发挥他们的自我教育作用，通过他们学习能力、思维能力、判断能力、实践能力与创新能力的不断提高，让学生自己教育自己、自己塑造自己，并通过同学之间的相互教育，达到彼此的互动与互助。如此，学生方能逐步与教育者产生情感的共鸣，自觉、主动地用理性去衡量与解决各种矛盾与冲突，自觉树立起与时俱进的时代精神，养成良好的道德品质，

---

[1] 罗国杰.罗国杰文集：上卷[M].保定：河北大学出版社，2000：10.
[2] 康德.康德谈人性与道德[M].石磊，译.北京：中国商业出版社，2011：15.

积极培养自身高尚的道德情操，真正将德育知识外在的"占有"上升到对德育本真的内在"获得"。

（二）聚焦学生的自由全面发展

1. 从高校德育无根性向终极价值关怀转化

培养真善美统一的完美人格是教育的终极价值。真善美的统一，可以实现人对自身本质的科学、合理与全面的占有，实现人与自然、社会、他人及自身的和谐统一。这也是高校德育的最高目标。但这毕竟是一个应然目标，离现实还有一定的距离。在高校，德育目标只有转向对学生的终极价值关怀，才能使学生树立更加远大的理想，具有更强大的精神支撑，生活得更加丰富多彩。

2. 从德育目标泛化向德育目标人性化转化

高校确立"以人为本"的德育理念，就要在德育目标上实现从泛化向人性化的转变，逐步形成和发展学生的主体性道德人格，回归学生的现实生活与内外环境，尊重学生的主体地位与个体差异性，兼顾个人利益与社会整体、人类终极价值需要。也就是说，高校要对学生的崇高理想、人格完善与德行培养给予必要的引导，让学生能够在现实的道德价值冲突的情境中，自觉、主动地做出合理的价值分析与判断，进行正确的道德选择，并能自觉践行高校德育规范，真正成为有德行的人，逐步推进高校德育理想目标与现实目标的最终达成。

3. 从德育目标世俗化向对人文精神的关照转化

高校德育在目标上迫切需要加强对学生人文精神的关照，也迫切需要加强对学生的心理疏导，唤醒他们心中沉睡已久的对崇高理想与真善美的渴望，从而使他们与外界的关系更加和谐、美好。如若离开了对学生人文精神的关照与心理疏导，学生就会变得诚惶诚恐，精神上毫无依归。

4. 从德育目标片面化向人的综合素质全面发展转化

高校德育在确立目标时，既要注意学生健全个性的培养，又要关照学生的自由全面发展；要对学生进行必要的市场经济理论、民主法治、科技常识、技术培训、就业指导、心理健康等方面的教育，实现人文教育与科学教育的有机结合，使学生的综合素质得到实质上的提高；要让学生更加自信地面对并战胜各种困难与挑战，以更大的自信进行实践探索与创新，从而更好地实现与外部环境的良性互动与和谐发展，实现自身内在的自我转化与主体人格的完善。

（三）坚持学生个人价值与社会价值的统一

1. 体现学生的个人价值

人是社会的存在物，因此高校德育要以人为本，体现学生的个人价值，满足学生的个人需要。爱因斯坦（Einstein）认为，学校"应当发展年轻人中那些有益于公共福利的品质和才能。但这并不意味着个性应当被消灭，使个人像蜜蜂或蚂蚁那样，仅仅是社会的一种工具。因为一个由没有个人独创性和个人志愿非规格统一的个人组成的社会，将是一个没有发展可能的不幸的社会。相反，学校的目标应当是培养有独立行动和独立思考的个人"[1]。学生个性的发展与个人利益的满足是国家、社会创新发展的一个重要条件。确立"以人为本"的高校德育理念，就要在价值追求上，既着眼于社会整体利益的满足，又重视学生个体利益的实现，既满足学生的现实需要，又立足学生未来发展、需要的满足。确立"以人为本"的高校德育理念，就要在价值追求上贴近学生生活，贴近学生实际，贴近学生

---

[1] 爱因斯坦. 爱因斯坦全集 [M]. 长沙：湖南科学技术出版社，2021：45.

思想，不断满足学生在学习、生活、心理、就业等方面的现实利益与需求。只有达到社会价值与学生人性相通，正视学生的个人利益，最大限度地满足学生最直接、最现实、最关心的现实利益需求，最大限度地实现学生的个人价值与幸福美好的愿望，才能确保"以人为本"高校德育的可接受性，使高校德育更具可信度与亲和力。

2. 达成个人利益与社会责任的有机统一

"以人为本"不仅肯定人的发展完善的最终目的性，还肯定社会的发展是人发展的条件与基础。高校德育要取得积极进展，离不开对学生的培养，更离不开对国家、对社会的责任。因为国家与社会的整体利益是个人现实或长远利益的反映，所以个人只有融入国家与社会之中，才能有更好的生存与发展，才能真正有所作为，达到自我利益与价值的最终实现。

第二节　高校德育内容的创新

一、新时代高校德育内容创新的原则

（一）必须坚持正确的政治方向

德育内容创新的宗旨和目的：把加强和改进学生思想政治教育作为出发点，把培育社会主义现代化所需的学生的思想政治素养作为根本原则，通过德育内容的创新，使高校德育内容更加符合时代要求，符合中国国情，符合德育目标要求，符合培养与造就社会主义事业可靠接班人的需要。可以认为，任何教育改革或创新都是在一定的理论或观念指导下实现的，都是应一定社会发展需要而产生的，高校德育内容创新亦不例外。必须意识到，高校德育内容的更新非一朝一夕完成，德育内容与德育的其他要素、与影响德育内容的环境因素、与社会生活实践有着复杂的关联。因

此，高校德育内容创新必须在马克思主义及马克思主义中国化的理论成果的指导下进行。与时俱进的精神品格、实事求是的思想路线是进行德育内容创新的理论基石。高校要运用马克思主义的基本理论观点分析德育内容研究中存在的问题、学生成长特点与发展规律、学生思想道德品质形成规律，在理论与实践的结合上破解德育内容创新的难点，突破德育内容创新的重点，使高校德育内容创新沿着正确的发展方向行进。

（二）必须适合学生的特点

德育内容之所以要不断进行充实与完善，其重要的原因之一，就是社会在发展，教育对象在变化，教育对象的诉求要求德育的内容与之相适应。社会的发展需要德育，只有适应社会需要的德育才有生命力，同样的，个体的发展也需要德育，适应个体发展的德育更有生命力。"德育作为一种有目的的教育活动，并不仅仅是为了社会价值而存在的。德育是人在实践基础上对自身自然改造的结果，它必然地具有着眼于人的德行发展，促进道德主体发展的个体性、发展性功能，即促进人的全面发展的作用。"[1] 当代学生在成长过程中必然受到经济社会发展的影响，其思想品德状况明显带有时代特点。因此，高校德育内容的创新必须从学生的实际出发，必须研究学生的思想品德发展特征，必须把学生的现实诉求作为重要的着力点。由于个体的社会阅历、背景环境、个性特点、基础素质水平的差异，也由于情感、动机、兴趣、意志和价值观的形成和发展的复杂性，学生在道德行为上呈现出千差万别的个性特点。因此，高校德育工作者要在调查研究的基础上，把握学生的思想状况及道德认知、道德判断和道德行为特点，适时地调整和革新德育内容，有针对性地实施思想政治和道德行为规范教育；要努力激发学生在品德发展及道德成长上的内在动力和主

---

[1] 王腾. 高校德育内容建构的历史溯源与审视 [J]. 黑龙江教育学院学报，2007（2）：25-29.

体能动性，引领他们用自己的头脑思考社会问题，把优良道德习惯的养成和对真善美的追求化为内在的自觉追求，进而实现自律与他律的统一、个人成长需要与社会发展需要的统一。

（三）必须与社会主义市场经济相适应

经济全球化、信息网络化给德育内容的创新带来了新的挑战与机遇。市场经济的发展，要求道德规范建设与之相适应，要求人们的思想道德素质与之相符合。而高校德育内容的更新也必须适应市场经济的发展需要，摈弃落后的德育内容，补充新内容，建立适合市场经济的德育内容体系。在社会主义市场经济条件下，德育内容的创新，既要注意吸纳反映市场规律的新内容，如公平竞争、团队合作、互利互惠、等价交换等道德价值取向，也要维护反映中华民族优秀传统道德的内容，如"己所不欲，勿施于人"等价值取向，还要拓展改革视野，推进学生的道德认识和道德实践。

（四）体现与时俱进的时代精神

随着社会的进步和发展，高校要担负起培养大批社会主义事业合格建设者和可靠接班人的历史重任，不仅要继承和发扬优秀的德育传统，也要根据社会的变化，尤其针对在社会中出现的新问题、新挑战，结合当前德育工作的新任务、新特点、新规律，采取相应的改革措施，不断补充和丰富德育内容。具体而言，高校既要补充和完善体现国情、地域和民族特点的德育内容，也要适应人才的国际化趋势，吸纳其他国家或地区的有生命力的德育内容，借鉴当代世界道德文明成果，积极构建适应社会发展的德育内容体系。

二、新时代高校德育内容创新的重点

德育内容是实施德育的基本内涵，其丰富、科学、系统与否直接影响着德育效果的好坏。德育的性质和特点决定了德育内容必须随着社会政治经济的发展、教育对象的思想品德发展规律以及德育目标的变化而不断充实、调整。当今社会科学技术的不断创新和经济的不断发展,对高校的发展提出了新的要求。而德育环境的变化和德育对象的变化,客观上也要求德育内容要与时俱进,贴近现实生活,以适应社会发展的需要。为使德育内容适应实际发展的需要,使德育取得更好的效果,高校必须对德育内容进行不断的创新。

(一)高校思想政治教育内容创新

思想政治教育内容是对学生进行系统的马克思主义理论教育的重要载体,体现着社会主义大学的本质特征,是党的教育方针的具体体现,是引导学生坚定对马克思主义的信仰、对社会主义的拥护,增强对改革开放和现代化建设的信心、对党和政府的信任的重要依据。世界多极化和经济全球化的发展趋势,错综复杂的国际局势,各种思想文化相互融合碰撞的情势、当代大学生求知成才的渴望与需求,既是思想政治教育内容创新的前提,也是思想政治教育内容创新的动力。实施思想政治教育内容创新是扎实推进社会主义核心价值观培育和践行、弘扬中华优秀传统文化和先进的思想文化、提高思想政治教育质量的迫切需要。

首先,要结合民族传统、时代特点与社会生活实际,构筑创新性内容体系。高校要按照思想政治教育的新目标,挖掘为学生所认同和接受的反映思想品格、价值取向和道德规范的中华优秀传统文化教育内容,体现以爱国主义为核心的民族精神的教育内容和以改革创新为核心的时代精神方面的教育内容,以弘扬爱国主义,增强民族文化自信和价值观自信;通过以"实事求是""与时俱进""以人为本"为主题的系列教育内容,旗帜鲜明地坚持道路自信、理论自信、制度自信和文化自信,反映中国社会最新精神气质,引导学生自觉承担起建设中国的历史重任。

其次,要以马克思主义为指导,不断丰富和完善世界观、人生观、价值观教育内容。马克思主义及马克思主义中国化的理论成果是指导思想政治教育内容创新的灵魂。高校要深入挖掘马克思主义尤其是马克思主义中国化的理论成果精髓,引导学生用马克思主义理论观点分析社会发展现象及"中国现象";深入挖掘社会主义核心价值体系的丰富内涵,把爱国主义、集体主义、为人民服务等重要道德原则作为学生价值观、人生观、世界观教育的重要内容。

最后,依据社会主义政治文明建设需要,不断拓展政治思想理论教育内容。高校德育要根据依法治国、建设法治国家的需要,丰富关于法治建设、法治意识、法律意识培养方面的内容,引导学生认清中国社会发展的政治理想目标、民主与法治建设要求,培育学生的经济正义、社会正义精神,增强学生的公民意识、法治意识、法律意识;要关注政治理论建设,创新政治教育内容,引导学生开阔政治视野,提高政治文明、生态文明素养,进而培养具有高度社会责任感和自觉性的国家公民。

(二)高校道德教育内容创新

中国高校道德教育内容的创新,要按照道德教育的新目标和学生道德素质发展的规律,把发扬中华民族优秀道德传统同借鉴当代世界先进文明成果结合起来,把社会经济变革与吸纳新鲜的思想道德养料结合起来,把研究学生的现实生活与关注学生的个性发展结合起来,形成具有浓郁的中华民族特色、体现时代精神与社会进步、贴近受教育者实际的生活化、创新性的道德教育内容体系。

首先,发挥中华民族道德传统的当代价值,努力实现中华民族道德传统的批判继承和创造性转化,借鉴和吸收世界先进文明的成果,并实现中国化的改造。中华民族有许多优秀的道德传统,如"天人合一""以人为本"的思想观念,"刚健有为,自强不息"的进取精神,"诚实守信""勤俭廉政"的道德品质,"见利思义""先义后利"的价值取向,等等。近代以来,在中国社会变革与进步中形成的新思想、新道德,如振兴中华、反抗侵略、弘扬民主、反对专制、尊重独立人格、追求个性解放等，是现代德育内容的重要来源。在继承中华民族优秀道德传统的同时，高校应注意结合民族传统和时代特点，吸纳世界道德文明成果，实现道德教育内容的自我更新和发展。

其次，贴近学生生活实际，贴近学生的个性发展方式，构建生活化道德教育内容体系。中国高校道德教育要贴近、关注学生的个体生命和现实生活，把体现社会要求的思想观念、道德规范与人们的日常生活密切联系起来，提高学生对社会现实问题的批判分析能力。高校道德教育内容要深深扎根于学生现实生活的土壤中，就必须将道德教育内容与学生的日常生活、学习生活、交往生活、集体生活相联结，关注学生个性发展的旅途，重视个体的生活体验，在鲜活具体的"道德事件"分析理解中，教学生"做人"，催生学生的道德智慧，真正发挥道德教育对人生的肯定、调节、提升功能。学者王腾认为，长期以来，人们一直忽视了道德知识向道德实践转化的过程性和复杂性，忽略了德育的"生活世界"价值，从而弱化了道德对生活世界的关注，导致"德育走入知识中心主宰的误区，陷入了道德认知和道德涵养相悖的困境，出现了德育与社会生活、与人的现实的疏远，这种教育的结果便是人与自我的断裂，人的真实存在被遮掩起来了"[①]。道德教育要实现对学生的心灵成长和内在精神性发展的关注，就要尽力避免过于知识化、功利化、理想化的与学生生活世界脱节的道德教育，了解学生的生活实际、学习实际以及独特的需求、矛盾与困惑，在把握道德与生活的关系中，增强学生对道德实践的感悟，实现对人生意义的引导。

最后，增强高校道德教育内容的创新性。教育不仅是文明的传递，也应是一项道德事业，更应是一种引导人完善自我、走出自我、走出个体、适应社会发展的活动。因此，道德教育内容的构建不仅要有一个基础

---

① 王腾.高校德育内容建构的历史溯源与审视[J].黑龙江教育学院学报，2007（2）：25-29.

性的相对稳定的系统，更要关注道德教育内容体系的开放性。道德教育内容要向时代和生活开放，应不断从经济社会变革及文化创新中吸纳新鲜的思想道德养料，着力培养与发展社会主义市场经济相适应的新的道德观念，引导学生正确认识和处理竞争与合作、效率与公平、自律与他律、个人价值与社会价值等关系，引进人们生活中遇到的思想道德上的新挑战、新矛盾、新问题和新热点，努力使道德教育内容保持在常变常新状态，使教育者和受教育者的个性得以张扬，思想道德批判和创新能力得到发展，实现道德教育内容的不断创新。

（三）高校法纪教育内容创新

我国经济社会迅猛发展的新形势及不断加快的民主法治建设进程对学生法纪教育提出了新的要求，高校法纪教育的实践急切地呼唤法纪教育内容的创新。实施法纪教育是提高学生法律素质，培养学生法律意识，塑造学生法律人格的教育，也是把学生培养成现代法治社会需要的公民的教育。法纪教育内容的创新，既要包含社会生活规范方面的内容，如法律常识、纪律、规则、制度等，也应包含公民意识、民主意识、纪律意识教育，还应涵盖法律情感的陶冶和法律行为习惯的培养。高校应不断补充、更新与完善法纪教育内容，将懂法、守法、用法、护法及维权案例融入教育内容，提升学生的法律素质，培养并塑造新时代具有较高法律素养，能够自觉遵纪守法的国家公民。应当注意的是，高校法纪教育不仅要关注外在的规范要求、外在的法纪要求，更应关注法纪意识的内化及自身良好法纪习惯的养成。

（四）高校心理教育内容创新

高校心理教育要适应当代社会发展的要求，满足当代学生心理发展的实际需要，就要深入研究网络、学科教学、学习与生活环境等影响学生心理健康发展的因素，以自尊、自爱、自律、自强为重要内容，注重人文关怀和心理疏导，通过有效的审美感受和审美体验，促进学生热爱生活、感悟人生，形成良好的个性心理品质。彭艳等认为，心理教育还应包括积极的学习态度、终身的学习愿望、科学的思维方法、敏锐的创新意识、乐观的情绪倾向、健康的审美情趣、坚强的意志品质、进取的人生理想、健全的个性结构等。[①] 因此，要实现心理教育内容的有效创新，高校必须结合学生个性发展的实际，依据心理发展需求，不断拓宽心理教育内容，挖掘人性中本应存在的美与善、情与爱、精神与灵性、超越与创造等优秀品质，发挥其内在的主体愿望、独立意识与独立潜能，引导学生理解并感悟生活、生命、生长的价值，培养并塑造科学素质和心理素质全面发展的优秀人才。

第三节　高校德育方法的创新

高校德育方法创新是研究高校德育方法的系统体系，是研究高校德育方法如何创新的理论体系。新时代我国的高校德育取得了显著的成就，在一定程度上促进了高校德育方法的发展。但是，从总体上看，高校德育方法在发展过程中仍存在一些不足，在一定程度上影响着高校德育的整体发展。随着国家各项事业的快速发展，特别是网络技术的普遍应用，高校德育方法的创新更显迫切。

一、高校德育方法概述

（一）方法与德育方法简介

在我国，关于德育方法内涵的界定有许多种。"方法"一词来源于希

[①] 彭艳，马博林，李静.探析新形势下高校德育内容[J].科学大众（科学教育），2010（6）：108.

腊文，原意为沿着一定的路径，以一定方式或程序开展活动，从而达到目的。德育方法因此可以定义为教师和学生在德育过程中为达成一定的德育目标而采取的有一定内在联系的活动方式与手段的组合。在这一内涵的阐述中，德育方法与一定的方式与手段是紧密相连的，同一种德育活动方式与手段可以有不同或多种的教育方法，但都是为一定的德育目标而服务的，是德育目标顺利达成的中介，起着"桥梁"的作用。

（二）高校德育方法概述

高校德育方法是为促进高校德育发展和实现德育目标而运用于教育者与受教育者之间的各种德育手段、方式的总称。从高校德育方法的内涵中可以看出，设置高校德育目标是为了更好地对受教育者进行德育，从而促进高校德育的发展。高校德育方法是教育者与受教育者共同参与的德育过程所运用的手段与方式，起到衔接和"纽带"的作用。

二、高校德育方法创新的必要性

第一，高校德育方法的创新是提高高校德育实效的需要。在高校德育实践的过程中，方法的正确与否直接关系到高校德育的成功与否。德育方法的正确选择可以对学生产生积极的教育影响。相反，德育方法的不恰当运用会使学生产生厌恶的心理，容易造成严重后果。高校只有做到有效运用德育方法，才能达到德育的目的。

长期以来，高校在德育的过程中，积累了丰富的理论经验与实践经验。但是，随着新时代的到来，我国社会主义各项事业不断发展，呈现出新的特点，如经济成分和经济利益多元化、社会生活方式多样化、社会组织形式多样化、就业岗位和就业形式多样化。在这种形势下，高校德育面临着前所未有的挑战。这就需要高校德育工作者站在时代发展的高度，重新审视高校德育，加快德育方法创新的步伐，做到理论教育与实践教育相结合、课堂教育与榜样教育相结合、批评教育与表扬教育相结合，从根本上提高高校德育的实效性。

第二，高校德育方法创新是新形势下高校德育发展的客观需要。当今世界正处于大发展大变革大调整时期，和平与发展仍然是时代主题。世界多极化、经济全球化、社会信息化、文化多样化深入发展，全球治理体系和国际秩序变革加速推进，各国相互联系和依存日益加深。面对这一局势，高校必须始终保持清醒的头脑，在借鉴国外先进的管理技术与管理经验的同时，时刻警惕不良思想的传播，掌握高校德育的主流思想阵地。全方位、多方面地对学生进行德育，创新德育方法，是新形势下高校德育发展的客观需要。

第三，高校德育方法创新是保证学生健康成长的需要。高校德育是为了培养德智体美劳全面发展的高素质人才，而学生正是高校德育的受教育者。从这一方面看，高校德育工作，一定要坚持教书与育人相结合，坚持教育与自我教育相结合，坚持政治理论教育与社会实践相结合，坚持解决思想问题与解决实际问题相结合，坚持教育与管理相结合，在德育实践的过程中尊重学生的主体地位，彻底激发学生的学习兴趣，如此才能保证学生积极、健康地成长，实现德育目标。

三、高校德育方法创新的原则

（一）科学性原则

高校德育方法的科学性原则，要求德育遵循学生思想活动的规律，遵循德育的客观规律性，遵循高校历史发展的科学规律性，克服盲目性与随意性。随着现代科学技术的发展，特别是互联网技术的发展，我国的政治、经济、文化、军事等各个方面都发生了变化。互联网进入高校以后，对学生的思想观念、生活方式和身心健康等带来了潜在的、深远的影响。高校只有及时把握现代科学技术发展的脉络，尽可能地把先进的技术运用到对学生的教育之中，才能跟上科技发展的步伐，也才能提高德育的效果。高校德育工作是对学生进行教育的工作，因而高校德育工作者必须把正确的政治观点、政治立场和政治方法放在首位，用科学的世界观、方法论武装自己，使自己具有正确的思想观点、政治立场、思维方法和教育艺术。只有这样，高校德育才能具有强大的感染力、吸引力、说服力，从而沿着正确的路线不断向前发展。

（二）主体性原则

2004年，中共中央、国务院发出的《关于进一步加强和改进大学生思想政治教育的意见》指出，要"坚持以人为本，贴近实际、贴近生活、贴近学生，努力提高思想政治教育的针对性、实效性和吸引力、感染力，培养德智体美全面发展的社会主义合格建设者和可靠接班人"。这就意味着高校德育要坚持"以人为本"，也就是以学生为根本，尊重学生的主体地位。从这一层面看，主体性德育是对传统德育方法的一种超越。高校德育方法的创新应坚持主体性原则，把着眼点放到教育对象主体性的培育上，培养学生的积极性与主动性，做到知与行的统一，从根本上增强德育效果。

（三）层次性原则

伴随着高校学生人数的增多，一些学生由于生活学习以及社会、学校和家庭等各方面的差异，表现出不同的特点。在德育的过程中，德育工作者要注重平时的积累，把握不同的教育对象具有的不同的特点，有的放矢，因材施教，坚持普遍性和特殊性相结合的工作方针。具体而言，德育工作者在德育过程中要注重方法的层次性，做到"分层次、有重点、循序渐进，努力贴近社会、贴近生活，充分调动各部分学生的积极性、创造性和主动性"，使不同层次的学生转变学习态度，真正接受学习，从而向更远的目标前进。

四、高校德育方法创新的路径

（一）坚持生活化教育方法

高校德育方法越贴近生活，越能体现教育中的"以人为本"，越能发挥人的主体性，引发人的内在创造力，体验生活的美、教育的真正内涵，形成文化、社会、个性协调发展的生活世界。

生活化的德育注重生活实践。因此，高校德育应从生活中来，到生活中去，真正做到贴近学生、贴近生活实际，引导学生正确地认识自己，关注自我行动，促进自我发展。比如，德育工作者可以利用"道德两难问题"启发学生，让学生思考和检验自己的道德立场，反思自己的行为，真正从日常生活实践中得到教育。

可以说，高校德育方法的生活化是时代的发展，是社会的进步，是促进高校德育发展的条件。高校德育方法只有贴近现实、贴近生活，才能为社会的发展培养更多合格的高素质人才。

（二）坚持隐性教育的方法

隐性德育课程广泛存在于课内外、校内外，主要通过有目的的、间接的、内隐的教育活动，以隐蔽的方式影响着学生的思想观念、价值观念、道德品德及行为方式。隐性教育以间接性与隐蔽性为主要特点，是一种潜移默化的教育。

高校德育工作必须以学生德育品质的形成和发展为基础。学生常受到一些环境因素的隐性影响，如社会政治环境、经济环境、文化环境等。具体到高校环境的影响上，主要有物质环境、精神环境两方面的影响。物质环境包括学校的建筑、配套服务设施等。这是高校必备的物质基础设施。精神环境包括校园文化、校园网络等。随着普及和发展，网络凭借传播信息的方便性、灵活性、娱乐性和速度快的特点占据了高校的主流文化阵地。高校德育应坚持隐性教育的方法，利用德育中的大众传媒、网络载体等对学生进行宣传教育，发挥德育的隐性影响，使大学生在德育品质、情感培养和行为方式等各个方面受到潜移默化的影响，提高辨别是非的能力。

（三）坚持自我教育的方法

自我教育法是受教育者按照思想教育的目标和要求，主动提高自身思想认识和道德水平以及自觉改正自己错误思想和行为的方法，简单地说就是自己教育自己，自己做自己思想政治工作的方法。

学生健康成长不仅需要外在的教育，还需要自我约束、自我管理，不仅要接受课堂教育，还需要进行自我教育，即自我认识、自我监督、自我调适等方面的发展。这就是一个自我教育的过程。

高校德育工作者的首要任务就是培养学生自我教育的能力，为自我发展创造条件，增强德育的实效性。德育工作者在学生的学习和生活中，应该采取自我批评、自我表扬和自我激励相结合的方法，充分发挥学生学习和参与实践活动的积极性与主动性，提高学生自我管理和自我服务的能力。另外，德育工作者还要善于运用榜样的力量和先进事迹的影响作用，使学生既有奋斗目标又有赶超的态度，从而提高学生的自我教育能力。

第四节　高校德育动力机制的创新

一、德育动力机制的运作机理

德育动力机制是指在德育动力产生和发展过程中，德育内部要素、外部要素与整合要素之间相互作用的机理与方式，是促进德育良性运行与协调发展的各种构造、功能和条件的总和。

第五章 高校德育多要素协同创新

(一)德育动力机制的基本结构

根据动力机制的一般定义,德育动力机制由外围结构与内核结构两个部分组成。

外围结构主要包括动力主体、动力传导媒介以及动力受体。

根据需要主体的三个层次,动力主体可以分为个体(微观层次)、群体和集团(中观层次)、国家和社会(宏观层次)。在整个德育活动中,德育主体是贯穿德育过程的组织者、参加者,既是德育的出发点,也是德育的目的和归属。具体到德育动力机制中的德育动力主体,还应该进行进一步的细分。根据主体在德育过程的角色与功能的不同,德育主体可分为教育主体、受教育主体、社会主体和政治主体。这四种主体之间的主体性与主体间性的融合,在特定的德育关系与德育实践中存在一种相互理解、相互融通的互动与作用关系,并且各主体之间发出的动力可以通过一定的媒介互相传递。

动力传导媒介是德育动力从一个动力主体传到另一个动力主体的渠道,也是德育动力积累和递增的主要凭借之一。它能把教育主体、受教育主体、社会主体和政治主体的德育动力整合为一体,成为德育的整体动力。首先,利益是最重要的动力传导媒介。政治主体经常通过利益这一传导媒介,将自身的德育动力化解,传递到教育主体、受教育主体和社会主体等动力主体身上。教育主体、受教育主体和社会主体在政治主体整体规划的德育目标规定的利益导向下,开展创造性的德育活动,培养道德行为,形成道德习惯,以此满足利益需求。这样,政治主体就把自己的德育动力传导到了其他德育主体身上。反过来,其他德育主体形成道德习惯、实践道德行为又使德育计划、目标得以实现,从而使政治主体的利益得到了保证。实际上,所有德育主体的动力通过利益这一传导媒介相互传递而凝聚成实现德育整体利益的动力集合。其次,文化也是重要的动力传导媒介。因为文化价值观和文化模式通过社会化和内化过程,可以融入主体的人格系统，必然对动力主体的需求结构、价值观等产生影响并可能发生改变，从而使他们的动力发生变化。最后，信息也是重要的动力传导媒介。因为某一动力主体可以将动力以信息的形式传给另一个动力主体，使之知晓，或认同执行，或反对抵制，或置之不理。比如，政治主体可以通过广播、电视、网络、报纸、教科书等媒体进行德育的宣传，将德育政策、德育目标、德育规范等告知其他德育主体，使之认同执行；教育主体往往通过多种渠道和形式，如利用 PPT、视频、动漫等多媒体，将德育内容（道德信息）融入其中，把枯燥的道德说教变成潜移默化的道德体验。当然，德育动力通过信息这一传导媒介可以在德育主体间进行相互传递。

动力受体是指德育主体获得需求满足的对象、工具、资源等。需求满足的对象称之为满足物，最简单的划分是物质满足物与精神满足物。任何以物质形式存在的满足物都被称为物质满足物。反之，以非物质形式存在的满足物，如爱、权力、地位、荣誉等，称之为精神满足物。工具则是德育主体在满足需求的过程中设计和创造出来的，是动力作用于满足物或为了获得满足物的桥梁。社会资源作为动力受体，在于它可以被改造为某种满足物，或作为工具去获得某种需求的满足物。

内核结构包括动力源、动力方向、动力贮存体和道德行动四个要素。动力源是指德育主体的内在需求，它产生的动力是原生性动力。动力方向指动力与德育目标一致或相背，直接关系着动力主体的动力性质和动力机制的性质。不同动力主体的动力贮存体的形式是不同的。教育主体的贮存体就是其教育能力，受教育主体的贮存体就是其接受教育和道德行为的能力，社会主体的贮存体就是团体、集体或群体的凝聚力，政治主体的贮存体就是其政治、经济、文化实力，包括现实生产力、科技水平以及建立在经济基础之上的权力体系和执政能力。道德行动是德育动力的直接表达。各德育主体可将自身的动力转化为道德行为，如教育主体、受教育主体践行社会公德、家庭美德和职业道德；社会主体和政治主体遵循政治文明，依法执政，促进物质文明、精神文明与政治文明协调发展。

（二）德育动力机制的基本类型

根据动力机制的结构性特征和构造要素，德育动力机制可以划分为德育内生动力机制、德育外生动力机制以及德育联动动力机制。

德育内在过程，简言之就是德育主体运用德育理论进行德育实践的过程。德育内生动力机制是指德育内在过程的动力构成要素之间相互作用的机理与方式。它涉及的是德育的内因，是决定德育能否有实效的关键性要素，主要涉及主体形态及其需要的结构要素。德育内生动力机制是德育形成和发展的内在依据，旨在确保德育的正确方向，增进德育的承继性。

德育外生动力机制是德育的各种外在动力构造要素之间相互作用的机理与方式。它涉及的是德育的外因，是促进理论形态与实践形态双向互动的各种外部要素，包括理论创新机制的动力结构要素和实践创新机制的结构要素。德育外生动力机制是德育形成和发展的外在关系机制，其功能是增添德育改革与创新的活力，促进德育的内化与外化双向互动。

德育联动动力机制是促进德育动力系统实现良性互动的各种整合要素之间相互作用的机理与方式。它涉及的是有效促进德育发展的各种整合要素，包括利益激励机制和适度竞争机制组成的德育动力加速机制，动力协调机制、动力保障机制和政策导向机制组成的德育动力缓冲机制。德育联动动力机制是德育形成和发展的整合要素，实质上是一种整合性、衔接性的动力机制，其功能是实现工具理性与价值理性辩证统一，保证动力机制为德育提供适度动力。

二、高校德育动力机制的构建

要使德育获得源源不断的动力，高校必须要对德育的动力机制予以构建和完善，并有所创造。

（一）德育动力机制构建的目的

德育动力机制构建的根本目的是实现德育的终极价值——"把人实现为人"。其直接目的就是把德育动力最大限度地激发出来，并且形成适度的合动力，使之成为推动德育的持续的、稳定的力量。

人不仅是认识主体和实践主体，也是价值主体。德育必须以现实的人为根本的出发点和归宿。人的根本需要则是解放、自由和全面发展的需要。因此，从德育的终极意义或德育的最终本质来说，它要促进人的自由而全面发展。这种追求人的自由而全面的价值取向，不仅是由人之为人的内在本质决定的，也是人之存在要求的应有之义。所以，德育动力机制也要围绕"人的自由而全面发展"展开。而且，德育动力机制促进人的自由而全面发展应该是一种对人的整体性发展和每一个人都自由而全面发展的促进，因为全面发展的人，不仅其物质力量要素要有充分的发展，其观念意识也应当全面完善。全面发展的人是能使个人诸种特性全面生成，并不断地改变自身支配客体世界的方式、手段，同时又能内化社会多种理论的整体性发展的人。并且，真正的人的发展不是一部分人发展和另一部分人不发展，而是人人都获得自由而全面的发展，因为一个人的发展取决于和他直接或间接进行交往的其他一切人的发展。对人的自由而全面发展的追求，实际上也是德育动力机制构建的一种终极价值取向。德育和德育动力机制的各个构成要素都是围绕着"人的自由而全面发展"这一最高价值追求展开的。因此，德育动力机制构建要实现对人的自由而全面发展的促进，就要坚持以人为本，注重人文关怀。

（二）德育动力机制构建的基础

1. 尊重人的存在和主体性

真正符合人的本性的哲学和伦理学应该充分尊重个人，尊重个体生命，应该教会每一个人把人的生命作为价值的标准，引导每一个个体把自我的生命当作每个个体的伦理目的。这里"标准"和"目的"的区别是这样的，标准是一种抽象的原则，多用来衡量或矫正人们的选择，以便达到具体的、特殊的目的。人类必须按照适合人类自身的标准来选择行为、价值和目标，以此来达到、保持、发现和感受终极的价值。作为"把人实现为人"的一项育人活动，尊重人、提升人、发展人、丰富人、完善人应当成为德育的出发点和价值旨归。而这种人本价值旨归应当充满对人自身的尊重、对自由和幸福的追求，蕴含深厚的人文精神和终极关怀。从这个意义上，德育必须与人的幸福联系起来，与人的自由联系起来，与人的尊严联系起来，与人的终极价值联系起来，使教育真正成为人的教育，成为提升人的需要层次、丰富人的精神世界的一种途径。

主体性已成为当今我国哲学社会科学领域的一面旗帜、一个纲领和一个口号。主体性就是道德活动的主体具有的完善自身、完善他人和完善社会的能动性。德育中的教育者和受教育者都有自己作为个体独特的能力、情感、意识、品性和价值取向等。在德育活动过程中，高校要塑造人、完善人、发展人，必须先尊重人，然后实现作为"人"的价值、尊严和意义。从这种意义上看，德育动力机制构建的基础就是尊重人的存在和主体性。也就是说，德育动力机制的设计理念必须以人为本，以促进人的思想解放和精神的自由为宗旨，把人当作价值目的。因此，对德育进行主体性建构，必须按照人的方式，把人实现为人。具体来说，所谓"人的方式"就是按照人之为人、人成为人的经济的、政治的、思想文化的条件和根据，让人之为人的自主本性得以自我创生、自我呈现的过程。所谓按照人的方式把人实现为人，就是这个意思。这种主体性理论为德育的主体性建构提供了理论指导和可能路径。

2. 导引终极关怀

终极关怀是德育的终极目标和价值。德育的最终目的是表现人的生存与发展内在要求的自由、和谐、全面发展并由此产生幸福感。终极关怀是最根本的关怀。"人本"就是以人的幸福为本。从这个意义上说，人的终极关怀就是使人得到幸福。也就是说，所有的教育主体，无论是教育者还是受教育者，都应该通过德育获得幸福的终极关怀。因此，获得个体幸福是德育的应然追求，德育不能背离"幸福"这一价值旨趣。

从这个意义上，在德育中，高校不但要对教育主体施以现实关怀，更要给予终极关怀。现实关怀是低层次的需求，终极关怀才是价值追求、自我实现、全面发展的高层次精神需求。

（三）德育动力机制构建的路径

德育动力机制通过制度化的运作，为德育提供适度的动力，推动德育发展，实现德育价值，满足德育主体利益需要。从德育动力机制运作机理看，其主要包括三方面的要素：主体、利益和制度。德育动力机制运作的最终指向是德育主体的需要满足。因此，主体是德育动力机制的最终目的，也是德育动力机制构建的首要内容。德育受教育主体的需要、教育主体的需要、政治主体的需要和社会主体的需要都表现为一定的利益，德育的内生动力、外生动力和联动动力都是建立在利益基础上的，利益因素是德育动力系统有机联系的中介。故而，利益是德育动力机制中的核心要素。然而，德育动力机制不是随意而为的，有一定的规则，如此才能更好地规范德育活动。从这种意义上，制度是构建德育动力机制必不可少的内容之一。

1. 主体维度的构建路径

从德育动力机制的性质和实现途径看，全员参与是德育理念的核心价值所在，是德育动力机制的应然取向和现实诉求。

全员参与是整体德育合力育人观，它的核心思想是人人都是德育主体。对于德育动力机制而言，人人都可以是德育动力的主体，也是德育动力机制的主体。这既是教育本身意义的要求，也是当代教育发展的内在需求。德育工作不是德育工作者的专属领域，其他主体，包括专业课教师、学校各职能部门、后勤服务人员、学生组织、政治主体和社会主体都对德育动力机制的构建和运作存在一定的影响。因此，德育动力机制需要全员参与，把德育工作渗透到各个工作环节和各项日常管理中去，构建各部门齐抓共管、各育人环节紧密配合、全员参与的"全员育人、全方位育人、全过程育人"的德育工作格局，形成全校上下共同推进的强大合力。从这个意义上，全员参与是德育动力机制的应然取向和现实诉求。德育动力机制的主体应该是一种由教育主体、受教育主体、社会主体和政治主体组成的多层次的、全员参与式的德育动力主体。

2. 利益维度的构建路径

利益维度的构建主要包括以下几个方面：

（1）明确各主体的利益诉求。明确德育主体的利益诉求是构建德育动力机制的基础。高校要关注教育主体、受教育主体、政治主体和社会主体的利益诉求，并将这些诉求纳入德育动力机制的制度设计。这样可以有效调动各主体的积极性，共同推动德育工作的发展。

（2）合理配置德育资源。合理配置德育资源有利于各德育主体在德育工作中充分发挥自身的作用。高校要协调各方资源，优化德育投入结构，实现资源共享，提高德育资源利用效率。

（3）建立德育激励机制。建立德育激励机制是调动德育主体积极性的关键。高校要建立科学的评价体系，对德育工作进行全面、客观、公正的评价，对德育成果进行有效激励。同时，高校要完善德育人才培养、使用和激励机制，激发德育工作者的职业激情，提高德育工作的整体水平。

（4）确保德育权益。确保德育权益，有利于形成德育主体之间的良性互动。鉴于此，高校要建立健全德育权益保障制度，保障德育主体的合法权益，消除德育工作中的利益冲突，促进德育主体之间的协作与共赢。

3. 制度维度的构建路径

制度维度的构建路径主要包括以下几个方面：

（1）建立德育动力机制的法律法规。高校要制定完善德育动力机制的法律法规，为德育动力机制的实施提供法律依据；要明确德育动力机制的法律地位和功能，确保德育动力机制的合法性和有效性。

（2）完善德育动力机制的政策措施。高校要制定一系列政策措施，支持和促进德育动力机制的实施；要针对德育动力机制的特点和需求，制定具有针对性和操作性的政策措施，为德育动力机制的运行提供政策支持。

（3）建立德育动力机制的组织保障。高校要建立健全德育动力机制的组织保障体系，明确各级组织在德育动力机制中的职责和权力；要加强对德育工作的组织领导，强化德育主体之间的协同与合作，确保德育动力机制的高效运行。

（4）构建德育动力机制的监督机制。高校要建立和完善德育动力机制的监督机制，对德育动力机制的实施进行有效监督；要定期对德育动力机制的运行情况进行评估，发现问题及时进行整改，确保德育动力机制的有效运行。

（5）创新德育动力机制的实施方式。高校要根据德育动力机制的实际需求，不断创新实施方式，提高德育动力机制的实施效果；要充分利用现代信息技术手段，拓展德育动力机制的实施渠道，提高德育动力机制的实施效率。

总之，德育动力机制构建的路径涉及主体、利益、价值和制度等多个方面。要全面推进德育动力机制建设，高校必须从这些方面入手，形成一个协调一致、相互促进的德育动力体系。高校构建有效的德育动力机制，有助于激发德育主体的积极性，提高德育工作的质量和水平，为培养德、智、体、美全面发展的人才奠定坚实基础。

第五节　高校德育管理的创新

一、高校德育管理的原则

(一) 主体性原则

当今时代精神的主旋律就是提升人的主体性,唤起人的主体意识。这既是德育管理的出发点,也是德育管理的归宿。高校德育管理应该在社会主义办学方向的前提下,把尊重人、理解人、激励人、发展人、充分发挥人的主体性作为高校德育工作的重要内容。

1. 坚持主体性原则是德育管理内在规律的客观要求

不论是德育管理的主体,还是德育管理的客体,也不论是德育管理对象中的各种要素,还是德育管理过程中不同的环节,都是人的活动,是由人组织、参与的活动。德育管理工作的成效主要来自人和人、人和组织的协调合作,要正确处理教育者与受教育者之间的关系。因此,坚持主体性原则是德育管理规律的客观要求,是建立一个有生命力的高效的德育管理体系的根本所在。

2. 贯彻主体性原则是现代德育管理的发展要求

高校德育管理是以培育人、提高人的思想道德素质为目标的。德育管理系统是一个开放的系统,从社会输入学校的是人,在学校给予"加工处理"的仍然是人,最后学校向社会输出的还是人,这是一个完整的系统,较之其他工业系统、商业系统,更应该遵循主体性原则。学校的德育管理与学校的行政管理、教务管理、后勤管理相比是有很大差异的。它是根据德育目标，组织、运用德育的各种力量和手段，协调和沟通教育的各种途径，以培育人的思想品德的教育管理活动。第一，它要遵循教育目标，促进学生向社会期望的方向发展，树立与社会理想、道德相一致的个人理想、道德。第二，它要考虑每个学生的个性特征和个性品质，为他们思想品德的发展创造条件，以充分发挥学生的主动性和积极性。第三，学校德育管理还必须协调社会、集体和个人的利益，调节社会、集体和个人间的相互要求，在学校中形成和谐的思想道德关系。由此可知，高校德育管理作为指导、控制、协调的活动，不是限制人、压抑人、阻碍人发展的，而是要在尊重人、理解人、激励人的同时，促进人的全面发展，最大限度地激发人的潜能和创造力，实现人的自我发展、自我完善。这是现代德育管理与传统德育管理最大的不同。

3. 坚持主体性原则体现了教育者与受教育者的双向道德交往关系

受教育者是有思想情感、内在需求，有自己思考、处理问题的方式的个体。他们不是被动地、盲目地接受教育者的思想道德指令，而是有选择地接受教育者的思想道德指令，并且是积极主动地选择和接受。在高校德育管理过程中，主体与客体之间具有相关性，两者是相互依存、相互作用的辩证关系。管理主体与管理客体并不是单向的作用关系，而是表现为管理主体和管理客体的双向影响、双向交流、双向制约。在高校德育管理实践中，两者能动地认识和改造道德交往关系，不断地提高自身的能力和水平。

总而言之，主体性原则是学校德育管理的主要原则，也是管理客体的本质属性。在高校德育管理中，德育工作者要尊重人、理解人、激励人，同时要促进人的全面发展，重视人的主体地位，发挥人的能动性，如此才可能最大限度地调动学校师生的积极性，使学校德育管理呈现生机勃勃的局面。

（二）系统性原则

在自然界和人类社会中，一切事物都是以系统的形式存在的。任何事物都可以看作一个系统。任何管理都是对系统的管理，没有系统，就没有管理。系统性原则为人们认识德育管理的本质和方法提供了新的视角。从某种意义上来说，系统性原则在德育管理原则的体系中起着统率的作用。按照管理学系统论的观点，高校德育管理也是由各个要素组成的整体，它是高校教育管理系统的一个组成部分。高校德育管理的系统性表现在以下几个方面。

1. 德育管理目标的统一性

不同的管理系统有不同的目标。学校德育管理作为一个系统，有与它相对应的德育目标。一个国家的德育目标，一般由国家教育部门根据社会发展的历史任务和受教育者的健康成长需求提出。这样的德育目标具有统一性，对全国各级各类学校的德育具有完全指向和约束制约作用。就一个学校的德育管理系统而言，只能有一个总目标。因此，德育目标必须具有统一性。

2. 德育管理系统的层次性

德育管理系统的结构是有层次的，构成这个系统的要素和层次都是有顺序的，具有一定的规律性。例如，学校的德育管理系统与学生德育管理，前者是一个整体系统，后者则是一个组成要素。系统与要素是相对而言的，如果组成要素杂乱无章地拼凑在一起，就不可能成为一个德育管理系统。

3. 德育管理系统的相关性

德育管理系统内各要素相互依存、相互制约，就是德育管理系统的相关性。一方面，这种相关性表现为学生德育管理同学校德育管理系统之间的关系。学校德育管理系统存在和发展是学生道德教育存在和发展的前提，因而学生德育管理本身的发展受学校德育管理系统的制约。另一方面，这种相关性表现为学校德育管理系统内部的学生德育管理与其他要素之间的关系。某要素的变化会影响另外一些要素的变化，而各个要素之间的关系的状态，对学生德育管理和整个学校德育管理系统的发展，都可能产生重要的影响。

坚持高校德育管理中的系统性。首先，必须充分发挥高校德育管理系统中各要素的作用。高校德育管理系统包括许多要素，如管理者和被管理者、德育目标和内容、德育管理方法等。这些要素对德育管理系统来说都是必须存在的，但是各要素发挥的作用或大或小，有正面或负面作用。在德育管理过程中，这些要素能否发挥正面作用是至关重要的。而这些要素是否发挥正面作用，发挥的程度如何，就看管理者如何把它们有机地组成为一个有联系、有层次的整体系统，进行统一的合作、协调、指挥和行动。其次，必须树立整体观念。高校应以德育管理为主进行协调，局部服从整体，使整体效果最优化。更重要的是，高校要把德育管理放到整个社会主义精神文明建设的全局上考察。最后，必须深入研究德育管理系统的最优结构，使其充分发挥整体功效。高校应积极改变不合理的结构，使德育管理结构处于一种相对稳定的状态，充分发挥各组成部分协调配合的作用，来提高高校德育管理系统的整体功能。

（三）责任原则

高校德育管理是追求德育目标和德育实效的过程。在这个过程中，高校要挖掘受教育者的潜能，就必须在合理分工的基础上明确规定相关部门和个人必须完成的工作任务和必须承担的责任。挖掘受教育者的潜能的最好办法就是明确分割人的职责。职责不是抽象的概念，而是在内容、质量、时间、效果等方面的行为规范。

1. 明确职责

一般来说，分工明确，职责也会明确。分工是生产力发展的必然要求。在合理分工的基础上确定每个人的职位，明确规定各职位的任务，这就是职责。所以，职责是整体赋予个体的任务，也是维护整体正常秩序的一种约束力。它是以行政性规定来体现客观规律的要求，不是随心所欲的产物。但是，两者的关系又不是这么简单。分工一般只是对工作范围进行形式上的划分，至于工作的数量、质量、完成时间、效益等要求，分工本身还不能完全体现出来。因此，高校必须在分工的基础上，通过适当方式对每个人的职责做出明确规定。职责界限要清楚，且一定要落实到每个人，这样才能做到事事有人负责。

2. 奖惩分明

在高校德育管理中，对每个管理者和被管理者的综合表现和绩效给予公正而及时的奖惩，有助于提高管理者和被管理者的积极性，挖掘他们的潜能，从而不断提高管理实效，及时引导管理主体和管理客体的实践行为朝着符合高校德育管理的方向发展。对于有成绩、有贡献的管理主体和管理客体，高校要及时给予肯定和奖励，使他们的主动性、积极性行为维持下去。当然，惩罚也是不可或缺的。惩罚是利用令人不喜欢的东西或通过取消某些为人所喜爱的东西，改变人们的工作行为。惩罚可能引起挫折感，在一定程度上影响管理者和被管理者的热情。但惩罚的真正意义在于通过惩罚少数人来教育多数人，强化高校管理的权威。

总之，责任原则是学校德育管理的主要原则，也是高校德育管理制度体系的重要组成部分。人无完人，建立健全高校德育管理职责制度，使分工明确、权限清晰、奖惩适当，才能充分调动高校德育管理者和被管理者的主动性和积极性，使学校德育管理呈现生机勃勃的局面。

（四）实效性原则

高校德育管理必须遵循实效性原则，以最少的人力、物力、财力和时间，获得最大的效果。为了增加德育管理的有效性，德育管理必须重视实效性原则。高校德育管理实效性实质是德育管理目标的实现程度，具有长期性、后显性、整体性等特点。

1. 德育管理实效的长期性

德育管理实效的长期性是指受教育者科学的世界观、人生观、价值观和良好的道德品质，要经过相当长的时间才能够形成。相对于物质成果而言，高校德育管理效果具有模糊、不确定的特点，不能简单地用定量进行衡量，一般是通过定性来把握。

2. 德育管理实效的后显性

德育管理的实效具有后显性的特点。后显性是指德育管理的投入和其社会功效的显现之间存在一个明显的时间差，投入后社会功效不可能很快就显现出来。虽然德育管理的效果不是马上就能显现出来的，但是它的作用是不可估量的，影响是长期的、深远的，并且会产生一系列的连锁反应。

3. 德育管理实效的整体性

学校德育管理实效的整体性主要表现在两个方面：一方面，德育管理过程中的整体性。高校德育管理只有强调各种德育管理要素力量的一致性，才能达成最佳的德育管理目标。另一方面，对受教育者影响的整体效果。受教育者的思想品德是一个完整结构，他们的世界观、人生观、价值观、道德观以及道德认知、道德情感、道德意志、道德行为等，都是互相影响的。

综上，德育管理实效性原则要求一切从实际出发，实事求是。这是学校德育管理目标的要求。高校必须从德育管理对象的实际出发,有效地开展德育管理工作。

二、高校德育管理的创新路径——以人本化为例

(一)确立德育管理人本化理念

高校德育管理观念只有及时反映时代发展的变化,反映德育实践的新要求,才能促进自身的发展,也才能对德育管理理论的丰富发挥自己应有的作用,实现自身的价值。观念是指人们对客观事物的理性认识,它将随着客观事物的变化而变化。而管理观念作为一种具体的观念形态,反映了人们对各类管理现象内在的本质联系的认识,也必然要随着管理实践的深入发展而不断更新。随着社会向更深层次发展,社会的变化速度不断加快,人们的思想更加复杂多变。德育管理观念只有适应这种要求不断更新,才能指导德育管理实践不断向新的领域延伸。下面以"以生为本"理念为例,对高校德育管理的创新路径展开探讨。

1. 确立"以生为本"的新理念

"以人为本"是人们对生命主体价值、人的历史主体地位和作用的概括。市场经济的进一步发展对人的主体性的诉求,使"以人为本"理念在社会发展的各个层面越来越受到人们的重视。"以人为本"就是一切活动都要以人的发展为出发点、以人的发展为归宿、以人的发展为动力。它既是一切社会历史活动的指导原则,也是教育活动的理念和指导原则。高校德育的主体是学校的管理者、教师和学生,而管理者和教师又主要是为学生服务的,所以高校德育"以人为本"归根到底是"以生为本"。

"以生为本"的德育管理不是以受教育者为主体,而是教育者的价值引导和受教育者的自主构建相结合的活动过程,是教育者的主导性和受教育者的主体性共同发挥作用的过程,是教育理论和实践的真正统一。它较

好地解决了受教育者个体发展和社会整体发展之间存在的矛盾。

2. 加强德育管理者的尊重意识

要想得到别人的尊重,自己要有被别人尊重的条件。每个人都有自尊心,它是人们奋发向上的推动力。在高校德育管理系统中,管理者要注意被管理者在自尊方面的需要和特点,要设法满足被管理者的合理需求,不能伤害他们的自尊心,只有这样,才能激发他们在学习生活中的主动性和积极性。

在高校德育管理过程中,被管理者同管理者一样,也是权利的主体,他们有权利对管理者、管理措施等提出要求和建议,有权利做出接受或拒绝的决定。尊重受教育者,就是要求德育管理者承认受教育者的主体地位,并尊重受教育者的主观感受,树立尊重意识,保证受教育者的正当权利。但是,受教育者的主观感受和决定不一定都是正确的。这就要求管理者在尊重他们的同时,进行科学的解释和耐心的引导,促使受教育者心悦诚服地接受管理。

3. 强化德育管理者的服务意识

在高校德育管理过程中,管理者要强化服务意识,做到服务育人、管理育人。德育管理的每一项工作都是为受教育者的学习、生活和能力发展提供服务的,也是为了创造受教育者全面发展和成才的基本环境和必要条件。德育管理者只有不断强化服务意识,让受教育者真切地感受到管理者做的一切都是为他们的成才服务,都与他们的切身利益密切相关,都为他们的全面发展创造环境,才能使受教育者自觉地接受教育,进而增强德育管理的实效性。

(二)树立德育管理人本化目标

德育目标管理与教育目标一样,在相当程度上体现着国家、社会的期望和要求，反映着教育者、受教育者的需要和追求，预示着德育的方向及结果。德育目标贯穿德育的全过程，是德育的灵魂、核心。可以看出，德育目标是德育的首要问题。

1. 确立正确、科学的目标

在德育管理活动中，确立科学的目标，明确管理的方向，根据一定德育管理准则，如此才能保证整个德育管理活动有序地进行，最终使德育收到良好的效果。一个切实可行、振奋人心的目标可以起到明确方向、激励人心的作用，有利于对德育提出统一的要求。德育目标的确定，必须坚持一切从实际出发，坚持实事求是的原则，既要认真贯彻党的教育目的，与德育的根本目标相一致，又要从德育对象的思想实际出发，注意解决受教育者的思想问题和实际问题。在制定目标的过程中，目标立足点要有一定的高度，必须经过一定的努力才能达到。目标太容易实现，对受教育者缺乏激励作用。但是，目标立足点不宜过高，不能脱离大多数德育对象的思想实际。脱离了实际状况而提出的目标，不仅难以实现，还会影响德育教育者、德育管理者以及受教育者和被管理者对目标及目标管理的认同，目标的权威性就会受损，德育管理的效果也会大打折扣。

2. 重视人的全面发展

我国社会主义的基本制度决定并要求德育管理工作必须把人的全面发展作为根本目的。人的全面发展包括人的体力、智力、品德、能力和社会关系的高度丰富和发展。培养全面发展的人才需要全面发展的教育，包括德、智、体、美等方面的内容。其中，思想品德素质的教育居于主要地位。它在培养人们优良思想品德的同时，对人们其他方面的发展产生了重要的影响。从一定意义上来说，人的体力、智力、品德、能力等的全面发展程度取决于人的身心潜能的开发，尤其是创造潜能的激发。德育管理能够帮助受教育者认清自己在社会发展中的主体地位，调动他们的主体意识，激发他们的创造潜能，推动他们的全面发展。

（三）完善德育管理人本化过程

从管理学的角度看，在高校德育工作中贯彻"以人为本"，就是要树立平等意识，发挥德育工作中受教育者的主体性，并在两者之间进行平等的交往对话。

1. 受教育者主体性的确认

确认受教育者的主体地位，发挥和尊重受教育者的主体性，是德育管理的基本思想。对受教育者主体性的肯定，就是对其独立性、能动性、创造性和实践能力的倡导和重视；对受教育者主体性的培养，与受教育者创新精神和实践能力的培养是一致的。确认受教育者的主体性，不是一般地肯定受教育者的主体地位，而是要把教育的着眼点放在受教育者的主体性的发挥和培养上。

2. 教育者与受教育者的平等交往对话

平等的交往对话是"以人为本"德育实践的重要途径和重要形式。教育者与受教育者作为交往、互动的双方，是不可或缺、平等共生的关系，无论教育者还是受教育者，都不存在完全的支配和中心地位。如果教育者和受教育者的关系是一种主体与客体的对象性关系，那么德育就容易变成单向灌输，成为客体性教育。教育者和受教育者应是平等的教育活动主体，是民主和平等的关系。教育者和受教育者双方都不把对方看作被动的接受对象，而是视为交往对话的对象。这种平等对话就是主体间的相互尊重、相互关心、相互理解，最终形成相互间的积极影响。教育者和受教育者相互影响，不仅教育者对受教育者具有道德影响，受教育者也影响着教育者。在交往对话中，教育者和受教育者思想与思想碰撞，心灵与心灵交流，有利于双方共同发展。

3. 自我教育

在德育过程中，受教育者既是教育的客体，也是教育的主体。当受教育者作为教育者施加教育影响的对象时，他是教育的客体，而当他接受教育影响进而进行自我教育时，他便是教育的主体。受教育者作为教育客体时，并不是完全消极、被动地接受教育影响，而是积极对教育影响进行认识、理解和吸收，也就是说，受教育者也在不断地进行自我教育。由此可见，教育者的教育和受教育者的自我教育在教育过程中是同时存在的，并且是辩证统一的。没有教育者的引导，受教育者的道德发展就缺乏外在的积极强化，就难以形成良好的思想品德。没有受教育者的自我教育，教育者传授的教育内容就不能为受教育者真正认识和接受。由此可见，在德育过程中，高校既要调动教育者的主观能动性，发挥其指导作用，又要调动受教育者的自觉性、主动性，发挥其自我教育的作用，更重要的是使两者统一起来，从而取得更好的德育效果。

（四）培育人本化的德育管理队伍

高校德育管理要以人为本，德育管理的队伍建设关系到德育目标、过程、评估的贯彻落实，关系着德育的实效性。因此，高校要重视德育管理队伍建设，不断提高他们的思想政治素质和工作能力，将其建设成为一支政治强、业务精、纪律严、作风正的专兼职结合的工作队伍。

德育管理不同于一般的社会管理活动，对工作人员具有特殊的要求。要按照政治强、业务精、纪律严、作风正的要求，建设一支专兼职结合的德育队伍。随着对外开放不断扩大，在社会主义市场经济条件下，在建设社会主义和谐社会的进程中，高校德育面临许多新情况和新问题，需要有一批训练有素的职业化人员集中精力去研究、去实践，以适应新形势发展的需要。

1. 要推行德育管理者的从业资格认定制度

德育管理者是德育队伍的主体，是德育队伍建设和管理的重点。因此，高校应该按照职业化和专业化的要求建设和管理德育队伍。没有专门的职业规范和资格认定制度，难免会把德育工作混同于一般的管理工作，受教育者就得不到应有的重视，其结果必然是德育的实际效果和工作效率得不到保证。而建立统一的从业资格标准、职业规范和管理制度，完善德育工作队伍的选拔、培养和管理机制，使德育管理者把这项工作作为自己的终身职业，这样既有利于提高德育队伍的稳定性，又有利于培养出一批高水平的德育理论家和实践工作者。

2. 把提高德育管理者的素质作为德育队伍管理的重点

要做到德育管理以人为本，德育管理者就要努力提升自身素质，在学习中发展，在发展中增强本领。在当前这个转变时期，在社会主义精神文明建设和整个社会主义建设中，德育管理者在思想教育方面的责任尤其重大。高校应加强德育管理队伍的培训，通过学历教育、职前培训、在职研修、自我管理和实践锻炼等多种形式，有计划地提高德育管理者的整体思想素质和业务能力。在培训过程中，高校要贯彻理论联系实际、学以致用、讲究实效的原则，建构完整的德育管理队伍培训体系，制定科学的培训制度，编写科学的培训内容，完善培训的形式，做好培训后的反馈和评估总结，切实提高德育管理者用理论指导实践的本领。

3. 构建完善的德育管理者激励机制

德育管理中的激励要求借助物质和精神刺激因素，调动被管理者学习、工作和社会活动的积极性，充分挖掘他们的智力和体力的潜能。通过激励，在某种外部刺激的影响下，管理者可获得某种内部的推动力，始终保持一个愉快的状态。在我国高等学校，德育目标的实现，德育工作的质量和效率如何，很大程度上受德育管理者的积极性发挥程度的影响。激励已经成为人本化德育管理理论和实践的重要问题，建立和完善激励机制是高校德育管理人本化的重要环节。

德育管理者拥有教育者和管理者双重身份，既教育管理学生，也受学校和院系的双重领导。想要提高德育管理者工作的积极性和创造性，相应的激励机制必不可少。在管理实践中，物质激励和精神激励同样不可忽视。

马斯洛（Maslow）的需求层次理论认为物质需要是人较低层次的需要。运用某些经济手段和方式来组织、调节德育活动，满足德育管理者的物质需求，是实现高校德育管理实效性的途径之一。从人的多层次的需要系统来看，需要不仅有物质需要，还有精神需要。精神需要是人的较高层次的需要，它包括人的情感需要、发展需要和成就需要等。在高校德育管理中，如果管理者对学校及其教育目标有强烈的认同感，就会在德育工作中体现出积极的、主动的工作态度，对德育工作的实效性产生积极的影响。由此可见，精神需要比物质需要更重要，它的激励效果更为显著，影响更为久远。鉴于此，高校德育管理要使物质激励和精神激励有机结合，在满足管理者的物质需要和精神需要的基础上，调动他们的积极性、主动性和创造性。

第六章

传统文化视角下高校德育创新

第六章 传统文化视角下高校德育创新

第一节 传统文化与高校德育相融合的意义

中华传统文化在历史中沉淀和积累,不断融会贯通丰富的文化历史资源。高校作为社会主义现代化事业合格人才的培养阵地,在德育工作中必然要重视并积极利用中华优秀传统文化,这不仅有利于学生树立正确的世界观、人生观、价值观,也能促进我国优秀传统文化的继承与发展。本节主要分析的是传统文化与高校德育相融合的必要性、传统文化与高校德育相融合的可行性两个方面。

一、传统文化与高校德育相融合的必要性

人类的任何活动都离不开其所处的文化环境。德育作为一种以"育人"为目标之一的教育实践活动,同样离不开其所处的整体文化环境。正因如此,德育的文化性不言而喻。

(一)文化自觉与文化自信的要求

文化自觉是指生活在一定文化中的人对其文化有"自知之明",明白它的来历、形成过程、具有的特色和发展趋向,不带任何"文化回归"的意思,不是要复旧,更不主张全盘西化或全盘他化。换言之,文化自信即文化的自我觉醒、自我反省、自我创建。文化自信是一个国家、一个民族对自身文化传统及其内在价值的充分肯定。

一个民族的文化能否实现自觉和自信，很大程度上取决于其对传统文化扬弃的客观与科学的态度。可以说，对传统文化的理性批判、合理继承，正是"文化自觉"的本质要求。也就是说，一个民族能否对其自身的传统文化进行客观的评价和认识，关系着一个民族"文化自觉"的实现与否。

中华传统文化是勤劳善良的中国人民在5 000多年的发展历程中创造出来的，且从未间断过，这在世界上是独一无二的。它不仅标志着中华民族为人类文明做出了卓越的贡献，还是中华民族区别于世界上其他任何民族的鲜明文化身份和基本族群特征。只有认识、理解、接受并内化中华传统文化，人们才能理解自己民族身后的历史底蕴，也才能知晓自己是从哪里来的，并对自己现在的生活和未来的美好生活图景进行规划。

反之，如果失去对中华传统文化的认同与理解，人们必定会失去对自己民族文化身份的认同和归属感。因此，对世代延传下来的中华传统文化能否进行客观的评价、认识和科学合理的扬弃，关系着中华民族"文化自觉"的真正实现与否。

当前，我国高校德育的重要任务之一就是在正确方向的指导下，按照"取其精华，去其糟粕"的原则，充分肯定中国传统文化的内在价值，努力挖掘中华传统文化的当代价值，科学借鉴其他外来文化中的优秀精华，并将其吸收内化，使中华传统文化和现代德育优化整合，从而促成中华传统文化的现代转化和创新发展，真正实现"文化自觉"与"文化自信"。

（二）德育自身发展的内在要求

在当前的社会环境下，传统文化与高校德育相融合成为一种趋势。从德育自身发展的内在要求来看，融合传统文化对于提高高校德育水平具有重要的意义。下面笔者将从德育的目标、方法和内容三个方面来分析传统文化与高校德育相融合的必要性。

首先，从德育的目标来看，传统文化与高校德育相融合有助于培养具有民族特色的德育人才。传统文化是民族的精神支柱，是民族文明的独特标志。将传统文化融入高校德育，有助于加强学生的民族认同感，培养他们热爱祖国、热爱人民的情操。同时，通过学习传统文化，学生能够更好地了解和传承民族优秀传统，为推动民族文化创新发展贡献力量。

其次，从德育的方法来看，传统文化与高校德育相融合有助于拓展德育途径，提高德育效果。传统文化中蕴含丰富的德育资源，如儒家的仁爱之心、法家的法治思想等，这些都是对学生进行德育的有效途径。

最后，从德育的内容来看，传统文化与高校德育相融合有助于丰富德育的内涵。传统文化中包含了丰富的道德观念和价值观，如孝道、忠诚、诚信、礼仪等，这些都是德育的重要内容。将这些优秀的传统道德观念融入高校德育，不仅能够丰富德育的内涵，还能够弥补现代德育中可能存在的不足。

综上所述，从德育自身发展的内在要求来看，传统文化与高校德育相融合的必要性主要表现在以下几个方面：

提升学生的道德修养。传统文化中包含了丰富的道德智慧，可以有效地引导学生树立正确的价值观和道德观。将传统文化融入高校德育，有助于提高学生的道德修养，使他们更加关注社会责任和道德担当。

塑造和谐校园文化。传统文化中强调和谐共处、互帮互助的精神。将这种精神融入高校德育，可以营造一种友爱、和谐的校园氛围，有利于学生之间的相互理解与尊重，提升整体校园文化的品质。

提高德育的实效性。传统文化与高校德育相融合，可以使德育更加贴近学生的实际，提高教育实效性。例如，教师可以将传统文化中的道德观念与现代社会问题相结合，引导学生深入思考社会现象，培养他们独立思考的和正确判断的能力。

丰富德育课程体系。传统文化与高校德育相融合，有助于丰富德育课程体系。例如，教师可以将传统文化的经典之作纳入教学内容，通过课程设计、教学方法的创新，使学生在学习过程中更好地理解和体验传统文化的魅力。

培养学生的创新能力。传统文化中的道德观念和价值观可以为学生提供丰富的思想资源，激发他们的创新思维。传统文化与高校德育相融合，有助于培养学生的创新能力，助推科技、文化等领域的发展。

总之，传统文化与高校德育相融合，对于提升高校德育水平具有重要的意义。高校应充分挖掘传统文化的德育资源，创新教育方法，提高德育的实效性，为培养具有民族特色的德育人才做出贡献。

（三）学生道德培养的必然要求

中华传统文化蕴含深厚的德育资源，不论是教育理念、教育原则、教育内容还是教育方法，传统文化都为今天的德育工作提供了宝贵资源。

1. 有助于培养学生的爱国主义精神

爱国主义被人们形象地称为中华民族的民族之根、民族之母、民族之魂，历经几千年而不朽，始终是中华民族的主题思想和精神支撑。爱国主义是一种道德规范和行为准则，表现在个人对国家的忠诚与热爱上。

中华传统文化中"天下为公"的爱国主义思想一直为历代仁人志士推崇。在爱国主义旗帜的召唤下，中华民族形成了不屈不挠、勇于进取的民族气节，形成了"国家兴亡，匹夫有责"的爱国主义意识。

利用中华传统文化中蕴含的爱国主义思想来教育当代大学生，能够使他们清醒地认识到个人利益与国家的整体利益是息息相关的，从而正确处理个人与国家之间的利益关系，成为有理想、有志气、有气节、有尊严的好青年。

2. 有助于学生树立正确的人生观和价值观

在大学阶段，学生在思想行为、道德认知和心理等方面有了一定的发展，但仍有部分学生的思想不够成熟。那么，如何使学生树立正确的人生观和价值观呢？德育工作者不妨从中华传统文化中汲取养分。中华传统文化中的一些好的道德思想和教育方法，对于塑造学生良好的道德人格具有借鉴作用，能够使学生在处理个人与他人、个人与国家的关系时，保持正确的思想观念。

（四）形成和发挥文化软实力的基本保证

文化软实力是指一个民族、国家或地区的文化影响力、凝聚力和感召力，是国家软实力的核心因素。作为一个国家的灵魂或血脉，文化凝聚着这个民族对世界和生命的历史认知和现实感受，积淀着其最深层的精神追求和行为准则，并承载着整个民族自我认同的核心价值取向。就一个民族或国家自身的发展来说，文化软实力主要表现为一种精神上的整合力，它有利于国家凝聚力的形成和民族性格的养成，有利于促进民族团结、国家统一、政权巩固和文化自信。

中华传统文化和世界上其他民族的传统文化一样，植根于民族的土壤中，从总体上反映和代表着一个民族或社会的思维方式、价值观念、伦理道德，体现在人们的生活方式、风俗习惯、心理特征上，并内化、积淀、渗透于每一代社会成员的心灵深处，往往凝聚为民族特有的国民性格和社会心理。中华传统文化自身就具有显而易见的德育功能，而我国德育本身具有的文化属性和民族属性也使其无法离开 5 000 年来中华传统文化的精华。因此，中华传统文化和德育的有机融合正是我国文化软实力得以形成和充分发挥的基本保证。

（五）探索高校德育新路径的必然选择

德育具有文化属性，需要以文化为依托。中华传统文化与德育相融合，是探索德育新路径，提高德育实效性的必然选择。当前，多元文化并存态势越来越明显，学生的价值观念、思维方式和行为方式都较以前发生了很大的变化。这对高校德育提出了严峻挑战。

高校应积极探索适应时代发展需求的德育新路径，将中国传统文化的精华与现代教育相结合，打造更具时代特色和创新精神的德育体系。

首先，高校应加强传统文化教育。比如，高校可以通过开设中国传统文化课程、组织传统文化讲座和活动，让学生深入了解中华优秀传统文化，同时教育学生将传统文化中的优良品质如诚信、仁爱、孝顺、礼仪等内化为自己的行为准则，提高道德修养。

其次，高校要注重跨文化交流与融合。具体而言，高校可以鼓励学生开展国际交流与合作，学习世界各国的先进文明成果，形成具有包容性和创新精神的德育观念，从而推动德育事业的发展。

再次，高校要强化德育实践教育。高校可以将德育融入日常教学、实践活动、社会服务等方面，让学生在实践中学会尊重他人、团结协作、自律自强、积极担当。比如，高校可以通过社会实践、志愿者服务等多种形式，让学生深入社会，将德育知识应用于实际，培养具有社会责任感和使命感的德育人才。

最后，高校要完善德育评价体系。高校要树立德、智、体、美全面发展的育人观念，确立德育在教育评价中的地位；建立健全德育目标、德育内容、德育过程、德育成果的评价标准，切实提高德育工作的针对性和实效性。

二、传统文化与高校德育相融合的可行性

在教育目的方面，中华传统文化和德育都直接指向人，指向人的思想道德素质的提高。与此同时，它们在目标最终指向属性上回到了政治属性。这反映了两者目的的一致性。除目标设定和指向属性存在一致性外，中华传统文化与德育在内容上也有很多相通之处。但两者在教育模式上的差异又使得两者具有很强的互补性。这些都为中华传统文化与德育的融合创造了条件。

第六章　传统文化视角下高校德育创新

（一）目标的一致之处

我国德育的根本目的是提高人们的思想道德素质，促进人的自由全面发展，激励人们为建设中国特色社会主义、最终实现共产主义而奋斗。

这一根本目的包含两方面的内容。一是提高人们的思想道德素质，使人们具备崇高的理想、优良的品德、强烈的事业心、坚强的毅力等。这是我国德育的内在目的。二是促进人的自由全面发展。这是我国德育的终极目的。这两方面的内容构成了我国德育的根本目的，是德育的灵魂和旗帜，直接规定了德育的发展方向。而中华传统文化作为崇德尚贤的伦理型文化，其显著特征便是注重伦理道德，推崇以德育人。这与当前高校德育的目标一致。

首先，儒家经典《大学》开篇便提出了思想教育的根本目标："大学之道，在明明德，在亲民，在止于至善。"这是在阐明，思想教育的目标就是彰明美德，使人人都能主动去除杂垢而自新，最终达到道德修养的理想境界。

其次，中华传统文化特别注重对圣贤人格的追求。按照儒家经典《论语》的划分原则，理想人格可以划分为三个层次。第一个层次为圣人。这是中华传统文化中理想人格的目标和境界。第二个层次为君子，即对美好道德的自觉追求者和体现者。这是中华传统文化中理想人格的核心要素。第三个层次为士或成人，即能遵守礼仪规范者和注重人格尊严者。这是中华传统文化中理想人格的基本标准。

由此可见，我国德育与中华传统文化在目标设置上都指向人，指向人的思想道德素质，都将对人的思想道德素质的培养放在核心位置。注重对人的美好的道德品质的培养，这一点体现的正是两者在育人目标上的一致性。

此外，政治属性是我国德育的根本属性。而中华传统文化也特别注重培养个人与家族、国家、社会的良好关系。可以看出，中华传统文化培养"格物致知诚意正心"之人的最终目的已然回归到"治国平天下"的政治属性上来。因此，我国德育与中华传统文化的教育目标最终都指向了政治属性，这也体现了两者在最终目标指向属性上的一致性。

（二）内容的相通之处

从中华传统文化和德育各自所包含的内容来看，其中存在着许多相通相合之处。两者之所以能相互融合，与这种相通相合之处有着密切关系。

第一，中华传统文化中的"大同思想"与德育中的理想教育之间存在着相互联系。德育中的理想教育是以共产主义为核心的理想教育。所谓的共产社会，不存在私有制、阶级、国家；财产归社会公有，人人地位平等；人各尽其力，各尽其能。

而在中华传统文化中，早在中国第一部诗歌总集《诗经》中，人们就有追求"乐土""乐国""乐郊"的期待；在《公羊传》里，也有"据乱世""升平世""太平世"的三世说，而2 000多年前的孔子在《礼记·礼运》中为人们描绘出了一个更为具体而美好的大同世界。在这个世界中，人人平等，亲密无间，人尽其才，物尽其用，个人与社会浑然一体。

由此可见，中华传统文化中的"大同理想"与德育内容中理想教育的共产主义理想之间存在着一定程度的相似之处。

第二，中华传统文化中的朴素的唯物辩证法思想与德育中的科学的世界观教育之间亦有相通相合之处。德育中的世界观教育包括辩证唯物主义和历史唯物主义两个方面的内容。

辩证唯物主义以世界的物质同一性为基础，以辩证法为方法论，以对立统一、质量互变与否定之否定三大规律为主干，坚持人类社会由简单到复杂、由低级到高级的螺旋式上升和波浪式前进的历史辩证法。历史唯物主义则揭示了人类社会发展变化的终极原因是经济因素，并由此强调了社会存在对社会意识的决定作用、物质生产对社会发展的基础作用，以及人的实践对社会发展的推动作用。

而中华传统文化中一贯重视"经世致用",着眼于从物质生产条件,以及民心向背的角度,来思考历史的兴衰更替,着眼于从人民的物质生活出发,来研究社会的道德与文明。比如,孔子"庶之、富之、教之"的思想就解释了人口的繁衍、社会财富的增加、人民生活的富足和道德教化取得成效之间的关系。由此可以看出,中华传统文化中的这些观点与历史唯物主义的观点有着相通相合之处。

除此之外,中华传统文化中还蕴藏着朴素的辩证法思想,强调矛盾双方对立统一的关系。由此可见,中华传统文化中蕴含的朴素的唯物辩证法思想,与辩证唯物主义和历史唯物主义之间,在价值定位和思想倾向上,亦存在着相通相合之处。

可以说,正是由于中华传统文化与德育有这种相通性,两者才有了融合的可能,进而使德育在中华传统文化这一丰厚的历史土壤中不断地获得新的发展。

(三)价值观的契合之处

社会主义核心价值观是社会主义核心价值体系的内核,其基本内容包括富强、民主、文明、和谐、自由、平等、公正、法治、爱国、敬业、诚信、友善。

其中,富强、民主、文明、和谐是我国在社会主义初级阶段的奋斗目标,体现了社会主义核心价值观在发展目标上的规定,是立足国家层面提出的要求。自由、平等、公正、法治体现了社会主义核心价值观在价值导向上的规定,是立足社会层面提出的要求。爱国、敬业、诚信、友善体现了社会主义核心价值观在道德准则上的规定,是立足公民个人层面提出的要求。

社会主义核心价值观三个层面的要求为我国的德育工作指明了方向,它要求德育工作者在德育工作中必须树立"以人为本"的教育理念,同时做到教育内容以社会主义核心价值观为主导,教育方法尊重个体差异,教育途径吸纳隐性教育的优势。

而中华传统文化作为中华民族历经 5 000 余年创造的一种反映民族特质和风貌的民族文化,是中华文明的结晶。它源远流长,博大精深,形成了包括贵和持中、谦敬礼让、忠公重义、求真务实等在内的丰富的价值观念,这正是我国现阶段社会主义核心价值观的重要理论来源之一。

中华传统文化倡导的价值观念与我国目前德育倡导的社会主义核心价值观有许多契合之处,这也是两者能够融合的重要条件之一。当然,这并不是说中华传统文化倡导的一切价值观念都是正确的、适合我国现阶段的德育状况的。在实际的应用过程中,德育工作者应该坚持以批判继承的态度来区别对待、使用它们。

(四)教育模式的互利之处

中华传统文化有效弥补了现代德育模式的不足,具体表现在以下几方面。

首先,中华传统文化注重渗透而非灌输,强调"以文化人"。社会成员受中华传统文化的影响而形成的个性品质、思想观念、行为模式等,一旦形成就很难改变。

其次,中华传统文化注重引导人内心深处的自觉意识,引导人们通过"自省""内省""慎独"等方式,来反思自己的思想和行为中的不足与过错,进而使人们在认识上达到真正的"知",不断提升自身的道德修养。不过,人们以自觉内省方式来提高自身道德修养,最终仍是为了付诸道德实践。

最后,中华传统文化注重"知行合一"的道德践履而非空洞说教。可以说,"知行合一"正是我国传统文化经过长期的实践探索和理论总结而形成的极具特色的思想道德教育的方法论系统。

先秦墨家学派代表人物墨子就对道德实践十分重视。明代思想家王阳明更是明确提出了"知行合一"思想。可见，中华传统文化不仅注重道德教育中的自觉自省，更加注重在自觉自省基础上的道德践履，注重"知"与"行"的辩证统一。

为此，我国现当代的高校德育工作应借鉴和吸收中华传统文化倡导的潜移默化地渗透、"知行合一"等教育模式，引导学生主动反省自身，不断提高思想道德素质。

第二节　传统文化视角下德育价值开发与利用的原则

一、多样性与前瞻性原则

我国传统文化源远流长，具有地域性、民族性、历史性和艺术形式的多样性。不同地区、不同民族、不同历史阶段孕育了独特的文化现象，共同构成了中华文化的瑰丽画卷。这种多样性是中华传统文化的独特魅力的重要体现，为中华民族的繁荣发展提供了源源不断的创新动力和丰富内涵。

我国优秀传统文化的前瞻性主要体现在对中华民族伟大复兴事业的指导上。其价值观与丰富内涵对实现中华民族伟大复兴具有现实意义。其一，大一统与爱国主义精神是所有中华儿女推崇的民族大义，有利于唤醒人民的爱国热情，也是国民的精神支柱。其二，对理想人格的追求是国民的精神基因，有利于指导人民建立高尚的品格。其三，中华传统文化一向以和为贵，有利于我国与他国建立外交关系。

二、导向性与实践性原则

我国高校德育实践应该以中国特色社会主义理论、马克思主义理论为指导，始终坚持辩证唯物主义与历史唯物主义相结合，围绕社会主义核心价值观，从中华传统文化中去粗取精、去伪存真，批判地继承。

中华优秀传统文化对现代高校德育工作具有实践指导意义。我国高校教育实践应对中华优秀传统文化予以利用、保护和发扬，努力维护我国的民族特色，完善高校德育体系，丰富高校德育课堂。

三、坚持正确指导方向与批判继承原则

（一）坚持正确指导方向

在传统文化视角下，德育价值开发的原则之一是坚持正确的指导方向。这是因为德育的目的是培养人的道德品质和行为习惯，使其成为有道德素养的人。而正确的指导方向可以保证德育活动的目标明确、方式得当，有利于达成德育的预期效果。

具体而言，正确的指导方向包括以下几个方面。首先，要有正确的价值取向，坚守正确的道德标准和价值观，以正义、公正、诚信、友善等为核心价值。其次，要注重个体的全面发展，不仅要培养其道德品质，还要注重其知识、智慧、技能等方面的发展，从而使其成为具有综合素质的人。再次，要充分尊重个体的个性差异，注重因材施教，采用多种教育手段和方法，创造适合每个人的德育。最后，要充分发挥家庭、社会、学校等多种教育资源的作用，形成合力，共同推动德育工作的开展。

总之，坚持正确的指导方向是德育价值开发的重要原则，可以确保德育活动达到预期效果，提高社会的道德水平。

（二）坚持批判继承的原则

中华传统文化中既存在着可以直接古为今用的德育资源，也存在着完全不适应当代德育需求的糟粕性内容，还存在着必须经过现代性转化才可以发挥作用的德育资源。因此，人们应当本着"取其精华、去其糟粕，古

为今用、推陈出新"的原则,理性分析中华传统文化对当代德育的价值。

1. 坚持批判性原则

批判性原则是指对待文化不应该完全地接受或否定,而应该批判地继承。这也正是高校德育对待中华传统文化的正确态度。在中华传统文化与德育相融合的过程中,德育工作者应该秉承"取其精华,去其糟粕"的批判性原则,对中华传统文化进行理性审视,再吸收、融合其优秀精华,使其适用于我国当前的德育。

2. 坚持适度性原则

作为德育研究的方向之一,中华传统文化与德育的融合研究是在诸多学科领域的交叉视野中进行的。研究者在研究中必然要借用其他学科的理论成果,如中国哲学史、中国教育史中关于古代道德教化理论及其运行模式的研究,中国伦理学史、中国德育史中关于古代道德教育理论的研究,以及其他学科的研究方法(中国哲学关于古代经典的解释方法、对中华传统文化价值的解读方法等)。

但是,应当注意的是,这些学科的研究成果只是从方法论与研究内容上为德育工作者提供借鉴,而并不能取代德育学科的独立思考。也就是说,德育工作者借鉴其他学科的研究成果或研究方法必须是适度的、有条件的,绝对不能把其他学科的研究内容照搬过来,或者用其他学科的内容来拼凑德育的内容。

3. 坚持渗透性原则

与强制灌输原则不同,渗透性原则强调文化对人的熏陶感染,使人们在潜移默化中主动接受新的知识、技能或思想观念等。因此,在将中华传统文化融入德育的过程中,德育工作者要注重渗透性原则的运用,让学生在潜移默化中养成良好的思想道德素质。

第三节 传统文化视角下高校德育创新的基本路径

一、明确高校德育工作的原则

（一）立德树人，全面融入

将中华优秀传统文化融入高校德育工作，这一"融入过程"就是引导学生树立核心价值观的过程，必须遵循价值引领这一原则。将中华优秀传统文化融入高校德育工作，不是要另起炉灶，推翻以前高校德育工作的已有成果，而是兼收并蓄，将社会主义核心价值体系作为当代学生的精神核心，教育和引领学生进一步坚定理想信念，增强民族自豪感，进一步完善当代学生的人生观、价值观。高校德育工作者要处理好中华优秀传统文化在融入过程中与社会主义核心价值体系之间的关系，坚持继承与创新相结合，以社会主义核心价值体系为核心，以中华优秀传统文化为主体，对高校德育工作进行整合与创新。毫不夸张地说，"融入过程"的价值观整合引领也正是高校德育工作实现创新发展的动力源泉。

首先，"融入过程"的价值观整合引领是高校德育工作坚持正确政治方向的具体表现。中华优秀传统文化融入高校德育工作，其融入过程必须高举中国特色社会主义伟大旗帜，把培养中国特色社会主义事业的建设者和接班人作为根本任务，不断提高学生的政治素质和文化修养。

其次，"融入过程"的价值观整合引领是高校德育工作内容不断丰富的体现。中华优秀传统文化融入高校德育工作，其融入过程必须把社会主义核心价值体系作为一个内涵丰富、逻辑严谨、意蕴深厚的有机整体，丰富新时代高校德育工作的内容体系，使新时代高校德育工作具有鲜明的时代性、针对性和实效性。

最后,"融入过程"的价值观整合引领是高校德育工作途径不断拓展的重要体现。中华优秀传统文化融入高校德育工作,其融入过程要不断拓展高校德育工作的途径、方法,以此来提高德育工作的效果。高校既要将中华优秀传统文化融入德育工作的各个环节,又要将中华优秀传统文化融入学生成长的各个方面,从而形成高校德育工作的良好氛围,从整体上引领学生树立正确的价值观。

(二)继承精华,批判融入

中华优秀传统文化内涵丰富、外延宽泛。在将其融入高校德育工作时,德育工作者要有选择地继承,取其精华,去其糟粕,而不是笼统融入。将中华优秀传统文化融入高校德育工作是一个复杂的系统工程,在此过程中,德育工作者要以马克思主义为指导,在社会主义核心价值体系的视野下,用实践活动来检验中华优秀传统文化。具体而言,德育工作者应做到两个方面:一是挖掘中华优秀传统文化中的家国情怀,提升学生的政治素养;二是发掘中华优秀传统文化中的道德理想,培养学生的理想人格。

(三)以文化人,渐进融入

高校德育工作不仅外延广泛,还会随着时代的变迁而不断深化和变革。因此,将中华优秀传统文化融入高校德育工作是一项长期的系统工程。面对新时代的学生群体,德育工作者要把握好"渐进式融入"的原则,以文化人。

1. 针对性

思想的多元化是社会发展总趋势的一种进步,但落实到具体情况中,也会在一定程度上造成社会思潮的复杂化。将优秀传统文化融入高校德育工作的一个重要条件就是德育工作者必须有针对性地研究学生群体,进行有的放矢的融入与引导，这样才能在融入过程中有力地增强中华优秀传统文化的感召力与高校德育工作的凝聚力，把科学的理论转化为学生自觉的意识与行为。

2. 自主性

时代在发展，社会在进步，时代的变革大大提升了人们进行自主选择的能力。在这一时代背景下，高校德育工作者应该考虑怎样用中华优秀传统文化来教育和引导学生，使他们树立正确的世界观、人生观和价值观，从而在信念、理想等方面的自主选择上，既具有充分的自由选择空间，又不会与社会主义核心价值体系发生背离。

3. 发展性

事物总是变化发展的。当代学生思想活跃，容易受到新生事物的影响，他们的思想观念也从来没有停止过变化。所以，在将中华优秀传统文化融入高校德育工作的过程中，高校德育工作者必须深入研究当代学生思维发展变化的规律，把握不同的思想观念和教育方法，用社会主义核心价值体系与中华优秀传统文化的文化因子引导他们，不断与时俱进。

4. 以人为本

以人为本是科学发展观的要义，也是将中华优秀传统文化融入高校德育工作的关键。

高校德育工作者在将中华优秀传统文化融入德育工作的过程中，一定要坚持以人为本这一原则，要尊重人，最大限度地调动学生的主观能动性，让他们的潜力在社会主义核心价值体系和中华优秀传统文化的感召下得到充分发挥；要强调以正面教育为主的原则，深入进行素质教育，加强学生对德育工作的理解和对中华优秀传统文化的学习，从而促进学生思想道德素质、科学文化素质、健康素质和人文素质协调发展，引导学生勤于学习、善于创造、甘于奉献，成为有理想、有道德、有文化、有纪律的合格的社会主义事业接班人。

（四）广拓渠道，立体融入

中华优秀文化积淀着中华民族最深刻的精神追求，是中华民族生生不息、发展壮大的丰厚滋养；中华优秀传统文化是中华民族的突出优势，是我国文化软实力的最深刻体现。把中华优秀传统文化融入高校德育工作，要广开渠道，构建立体式融入平台。

（1）政府、学校、社区、家庭要相互协作，营造重视中华优秀传统文化的社会风气和良好氛围，形成开展中华优秀传统文化教育、弘扬中华优秀传统文化的合力。

（2）要充分发挥大众传媒在中华优秀传统文化教育中的引导、宣传和教育作用。尤其是充分利用移动互联网的实时传递功能，建立相关的技术平台，加强交流与资源共享，以此来达到理想的宣传目标与效果。

（3）整合各种社会资源。政府可利用博物馆、纪念馆、美术馆、音乐厅、剧院、电影院、书画摄影展、民俗村、故居旧址、具有历史文化风貌的街区、名胜古迹、文化遗产等，建设一批中华优秀传统文化的教育教学和实践基地，为学生进行实地考察提供便利。

（4）高校要通过多种渠道、多种途径，积极将中华优秀传统文化融入德育工作。同时，社会上要形成学习传统文化、弘扬传统文化、继承传统文化、创新传统文化、发展传统文化的优良风尚，要让学生在浓厚的优秀传统文化氛围中，自觉形成正确的世界观、人生观和价值观。

（5）坚持德育课堂教育与社会实践体验相结合。既发挥课堂教学的主平台作用，又发挥课外活动和社会实践的平台作用，这样能根据不同层次学生的特点起到针对性教育的作用，区分层次，突出重点，加强整体衔接。

二、优化高校德育课堂教学

（一）加强学科渗透

高校要以人文精神的铸造为核心，系统、合理、完整地构建适应人性发展的人文学科课程体系，同时要注重学生实践能力的培养，使学科发展与社会进步同步。同时，高校要根据课程性质和内容，结合实际挖掘优秀传统文化中的专业教育资源、思想政治教育资源、人文素质教育资源和心理健康教育资源，加强民族传统文化和人文精神的全方位渗透，增强学生的文化底蕴，促使学生追求自我的完善，使其获得全面的发展。

（二）教学活动与实践相结合

社会实践是课堂学习的延伸和拓展。高校要依托地方人文底蕴，整合和利用当地传统文化资源，结合课程教学的需要积极开展社会实践，以丰富多彩的社会实践活动进一步增强学生对传统文化的认同感；充分发挥高校各种学生社团的作用，积极开展各种文化艺术活动，把传统文化知识与各种活动有机结合，促使学生把优秀传统文化与自己的日常学习、生活和行为规范联系起来，在潜移默化中达到自我教育的目的。

三、营造良好的中华优秀传统文化传播氛围

校园环境由"软件"和"硬件"组成。校园环境的"软件"即"人"的环境，"硬件"则指校园的基础设施环境。高校校园文化建设的最终目的是在校园内通过"软件"和"硬件"的建设，创建良好的环境，并以此来陶冶学生的情操，全方位提高学生素质。

（一）校园文化基础设施建设与中华优秀传统文化元素相结合

一提起在高校德育中融入优秀传统文化的元素，人们往往想到的是

校园中的"软件"而非"硬件"。事实上，校园文化基础设施这一"硬件"同样是高校校园文化建设的重要组成部分，而且是一种显性的校园文化。在校园设施环境的营造中，管理者要在因地制宜原则的指导下，在发挥校园建筑的实用性之余，注重审美功能，为校园文化德育功能的发挥奠定物质基础。在校园文化基础设施建设中植入中华优秀传统文化元素就是不错的尝试。

譬如，管理者可以在校园某个地标性设施建设之前，有针对性地听取一下专家、学者或名家的意见和建议，在设计和建设之初就融入中华优秀传统文化元素，这样可以起到事半功倍的德育效果。同时，高校的宣传部门要充分发挥好校报、图书馆报，以及新媒体平台等舆论宣传阵地在德育中的重要作用，精心设计和营造有利于中华优秀传统文化融入的校园环境。

总而言之，加强校园文化建设就必须重视中华优秀传统文化元素的融入。而为了做好将中华优秀传统文化融入高校德育这项工作，管理者可以结合高校的实际定位，在校园文化设施中营造有利氛围，让学生时时处处感受到中华优秀传统文化，增进他们对中华优秀传统文化的认知和理解。

（二）完善相应的活动机制

所谓机制，是指事物各要素之间的结构关系和运行方式。在社会学中，"机制"可以解释为在正视事物各个部分的存在的前提下，协调各个部分之间的关系以更好地发挥作用的具体运行方式。要做好高校德育工作中中华优秀传统文化的融入工作，高校就必须建设好该项工作的活动机制。

高校要不断完善相关组织机构，形成一种先进的活动机制。这种机制就是各相关职能部门和教学部门各司其职、各负其责，并最大限度地发挥各自的效能。在此基础上，高校还要对这项工作进行进一步的升华，最终形成对该项工作有约束力和影响力的长效机制。

具体而言，高校可以成立由党委宣传部门、校团委、学生会、教务处、后勤处、各二级学院（系）团委学生会等部门联合组成的牵头部门，由学生管理部门和教务部门出面开展主题为"中华优秀传统文化大讲堂"的学术讲座；定期或不定期地邀请有关方面的专家为高校学子讲述相关知识；要求后勤部门在高校校园或学校建筑内增添一些有关中华优秀传统文化的石刻或者标幅；等等。通过举办丰富多彩的活动，学生在校园的各个场合和不同的时段都能感受到中华优秀传统文化。

四、发扬中华优秀传统文化，助力德育创新

在德育实践中，高校要抓住一根主线，即汲取传统文化中的优秀内容，充分发挥新媒体平台的介质作用，丰富文化育人形式，以实践创新增强德育的针对性和实效性。

（一）坚持文化传承，增强德育实践的感召力

当前，国际形势日新月异，高校德育面临着经济全球化、思想文化多元化、人际沟通信息化、社会形态多样化、个性特征差异化等一系列变化。在这样的背景之下，高校德育既需要在目标、内容、载体、方式等方面坚持一元主导，又要保持多元化发展。但是，如何处理好"既"与"又"的关系是一个需要深入思考的问题，特别是在"一元主导"这一问题上，如果把握不好，很容易出现问题。

所以，在德育实践中，高校要把握好德育内容中的核心部分，不能散，也不能多中心。对中华优秀传统文化的传承便是优秀核心内容的不断提炼。在当前的社会背景下，高校一定要坚持传统文化的守正与创新并举，将对优秀传统文化内容的传承贯穿学生的感性认知、情感凝练、意志升华、行为践行中，增强德育实践的感召力。

（二）阐发文化内涵，发展德育实践的新媒体平台

面对新媒体呈现出的碎片化、即时化、去中心化的特点，高校德育需要凝聚内涵，在多样的内容中有核心，在多样的形式中有主线，在多元的碰撞中有主导。在这一过程中，高校要发挥中华传统文化的凝聚功能，并借助新媒体平台对优秀传统文化进行内涵凝聚、挖掘与阐发，突出新媒体平台在立德树人方面的功能，从而使高校德育工作活起来。

（三）创新文化形式，增强学生实践的针对性

中华优秀传统文化能够提升校园精神文化的价值底蕴，也能丰富物质文化的内容与形式，具有重要的育人价值。高校应该立足本校特色，加强中华优秀传统文化的融入，体现高校的历史底蕴、文化情怀，以及学校的办学特色。

高校的物质文化载体包括校园景观、建筑物、道路标牌、校史馆、宣传栏、楼宇空间等。高校可以将中华优秀传统文化的内容融入其中，使这些物质载体变成有内涵、有温度的实体。如此一来，学生身临其中就是一种熏陶和学习，而这就是一种德育。

高校的精神文化载体，如学校的校史校训、精神追求、办学理念、校徽校歌、著名校友，甚至是教职员工的精神面貌、言谈举止，都可以借助中华优秀传统文化的传承，变成一种文化标识，体现出一种人文情怀。针对高校学生的特点，高校在利用中华优秀传统文化创新校园文化形式时一定要结合青年群体的特征，使得校园文化对学生来说易接受、易学习、易传播，以提升德育实践的针对性。

（四）创设文化情境，提升德育实践的实效性

结合当前高校德育的主要形式和载体，要想在文化氛围创设方面有所突破，高校需要在三个方面加强传统文化的融入，即传统文化融入教学

内容体系、提升高校教师的传统文化素养、丰富学生活动的传统文化内涵，从而全方位地将中华优秀传统文化融入德育实践。

首先，教学工作是高校的中心工作，而课程又是高校教育教学的"求知阶梯"，直接影响着高校德育的目标和进程。中华优秀传统文化应该融入德育课堂，以丰富德育内容。其次，高校教师要懂中华优秀传统文化，要会用中华优秀传统文化，并牢固树立"立德树人"的意识，明白教育并不仅仅是传授技能，更包括思想方面的教育和价值观的培养。最后，高校要努力打造文化品牌，构建课堂内外、校园内外、线上线下相互结合、互相补充的中华优秀传统文化教育格局，通过创设中华优秀传统文化教学氛围，形成全员育人、全过程育人、全方位育人的育人合力，提升德育实践的实效性。

第七章 互联网时代高校德育创新

第七章　互联网时代高校德育创新

第一节　"互联网+"背景下高校德育创新路径

一、优化"互联网+教育"的载体

随着信息技术的飞速发展和互联网的广泛应用,社会面貌发生了很大的改变,学生的学习、生活、娱乐等行为方式也大大改变。这就对高校的教育教学提出了更高的要求,优化"互联网+教育"的载体成为重中之重。其中,"互联网+德育"体系的优化就是要将"互联网+"时代的信息技术优势运用到高校德育实践当中,并借鉴"互联网+"时代产业发展的经验和模式,找到高校德育实践的新方法和新路径,不断提升德育实践的新活力,从而提高德育实践之有效性。

(一)"O2O模式"增强德育课程的吸引力和实效性

O2O是"互联网+"时代广泛流行的商业概念和模式,它将线下的商务机会和互联网结合,使互联网成为线上和线下交易的平台,大大增加了商务机会。构建德育课程"O2O模式"是充分利用互联网连接一切、开放融合、海量信息等优势,运用云计算和云平台技术建设在线德育课程,创建线上和线下交叉互动的新型学习方式,构建丰富、生动的德育课程资源,及时整合、反馈学习评价,切实推进德育课程向更加人性化、个性化和实效性方向迈进。

1. 构建人性化的学习内容

随着"互联网+"时代的到来，人们的行为方式、生活习惯都发生了前所未有的改变。在高校，学生的认知规律和学习习惯也发生了很大的变化。在这一背景下，"O2O模式"的德育课程内容建设主要依靠新兴的信息技术，对德育内容和资源进行丰富和创新，让德育资源以崭新的面貌出现在学生面前，并利用云计算和云平台技术将德育内容放在互联网上，供学生随时随地自主选择学习，调动学生的学习兴趣。

第一，丰富、生动的德育内容构建。"O2O模式"的德育课程内容建设充分利用新兴信息技术的优势，将德育内容重新包装。例如，充分利用音视频、动画、PPT等多媒体形式建设课程内容，或者构建轻松、娱乐化操作体验课程，以任务驱动的方式引导学生掌握知识，让德育过程寓教于乐。这也是德育实践活动重在体验和感悟的初衷。

第二，切合学生学习习惯的德育内容建设。"O2O模式"的德育课程内容建设遵循学生去中心化、碎片化的学习习惯，将德育课程内容按照知识点切割为若干部分，方便学生随时随地利用互联网学习。同时，被拆分的德育内容都以短小的音视频面貌出现，也切合了互联网学习中学生无法长时间集中注意力的特点，有效地保证了学生的学习效果。

第三，人性化的德育资源选择。"O2O模式"的德育课程内容建设注重线上和线下德育资源的相互补充，如教师在网络课程上提供与课堂教学相匹配的教学资源、课件、电子图书、音视频等，学生也可以根据自身的学习特点和喜好选择德育内容和学习方式，分配线上学习和线下学习的比重。这种人性化的德育资源选择更加符合学生的学习规律，有利于学生对德育内容的掌握。

2. 满足个性化的学习需求

高校德育课程"O2O模式"是将传统的德育课程教学从线下转移到

线上，以传统的德育课程为基础和指导，用信息技术的方式进行包装。线上和线下的互补能有效增强学生学习的自主性，学习路径和进度的选择也更加尊重学生个体的实际情况，有利于提高学生的学习效率。

第一，学习路径个性化。德育课程"O2O模式"是传统课堂的标准化教学向学生个性化学习的革命性转变。每个学生的知识基础、思维能力和学习兴趣都不尽相同，这正是因材施教的原因所在。"O2O模式"的课程教学将丰富多样的课程资源配置于"云端"，由教师制定共性的学习目标和要求，整个教学过程允许学生根据自身的兴趣喜好、学习习惯、能力基础等个性化差异，设计和选择自己的学习时间、学习地点和学习方案。这种德育课程教学模式允许学生自主选择学习顺序和学习路径，满足了学生的个性化学习需求，有效提高了学生的学习兴趣和课程教学的效果。

第二，线上和线下良性互补。德育课程"O2O模式"是典型的混合式教育模式，线下教师和学生面对面的内容讲授与线上的课程自学相互补充。"O2O模式"打通了线上和线下课程内容的信息和体验环节，不仅给学生的学习带来了更多的选择，也为教师德育课程的设计带来了更多可能。教师可以安排学生在课前通过线上自主学习完成指定的学习内容，这样线下的课堂教学中就能加入更多的师生互动环节，有利于德育课程的教学质量的提高。

3. 全方位的互动学习评价

德育课程"O2O模式"利用互联网信息化的管理优势，既可以对学生的学习轨迹进行跟踪、对学习效果及时评测、对学习过程智能辅助，还能完成师生一对一的及时互动，全方位的学习过程评价大大提高了德育课程的实效性。

德育课程"O2O模式"让学生能够根据预先设计好的学习流程，在学习系统智能分析的指导下逐步完成学习内容。系统会及时通过测试工具和手段显示学生的学习效果，并给出下一步的学习计划，保证每一名学生线上学习的逻辑性。系统也允许教师根据课程情况安排线上和线下的学习内容。教师可通过线上信息化的学习记录系统准确地把握每一名学生的学习进程和轨迹，了解学生的学习习惯和共性的问题，并在线下课堂教学中有针对性地进行教授并解决。这种线上学习打破了时间和空间的限制，给师生交流以更多的开放度和自由度，敞开心扉的师生互动也更加符合德育实践的本质要求，有利于德育课程内容的传授和学生学习效果的提升。

（二）新媒体平台彰显德育实践的话语权和感染力

在高校德育实践活动中，德育环境对德育实践效果的影响举足轻重，德育环境潜移默化地对学生的思想品德、道德素养和行为规范起着渗透、引导和规范的作用。"互联网+"时代，新媒体平台成为德育实践的重要载体和媒介。科学利用新媒体平台提高高校德育工作在学生互联网生活中的话语权和主导权，提升高校德育实践活动的感染力，成为高校德育实践创新的重中之重。

1. 德育载体的新选择

"互联网+"时代，在万物互联、跨界融合的政策指引和市场选择中，人们的生活方式发生了巨大的变化，越来越多的现实生活被更加便利、时尚的互联网方式取代。在高校，随着移动通信技术和互联网技术的发展，学生使用移动互联网终端更加便利，他们获取信息、休闲娱乐、人际交往都可以利用手机等移动终端完成，可见互联网已经成了学生知识积累、思想成长的主要平台。高校加强新媒体德育载体建设要准确把握学生的特点及喜好，到学生活动最频繁的区域和地带，以学生最喜闻乐见的媒介方式，潜移默化地影响和引导学生成长。一方面，互联网移动终端、手机客户端及应用程序（App）成为学生互联网生活的重要媒介。高校德育实践进网络要抓紧德育主题应用程序的建设，将德育内容通过学生喜爱的学习方式和渠道展现出来，以增加学生对学习内容的好感。另一方面，以微信、微博、QQ空间等自媒体为代表的新媒体平台,几乎成为学生表达观点、分享心情、人际交往、休闲娱乐等诉求的主要载体。高校要抓住这一难得的自然形成的学生网络生活集散地,建立学校的官方微信公众号、微博和QQ空间等,通过这些新媒体手段将德育内容包装成为学生愿意接近、了解和认可的形式,如此才能使德育实践更具吸引力和感染力。

2. 话语权争夺的新阵地

话语权的争夺主要就是解决如何吸引学生关注和学习德育内容的问题。新媒体平台作为德育实践的重要载体,必将成为高校德育话语权争夺的主阵地。在新媒体平台上,德育实践话语权的争夺要从两个方面来着手,也就是"引得来、留得住"的问题。

首先,如何将学生吸引到高校建立的新媒体平台上来。高校应加强"互联网+德育"载体建设的探索与创新,最大限度地将学生吸引到校园新媒体平台上来。一方面,高校要推进在学生固有的新媒体生活平台上搭建德育实践载体,学生在哪里,高校德育实践的触角就伸到哪里。如此一来,学生在日常生活中寻找自己感兴趣的内容时,多少会浏览到主流的德育内容,从而使德育无处不在。另一方面,高校对于新媒体德育实践载体的建设,也要有智慧、有计划、有方法地采用引导和制约机制。高校可将与学生的学习和校园生活等切身利益相关的教育新闻资讯、管理服务内容整合到新媒体平台上,如学生的选课、成绩查询、考试报名、学年小结、评优评先、奖助学金申请、重要文件发布等,这样既达到了便捷、高效的效果,又能够让学生登录主流德育实践平台变成情理之中的必然。

其次,如何将学生稳定地留在新媒体德育平台。新媒体德育平台的显著特点就是改变了以往德育工作的面貌,通过新媒体达成师生的平等对话和互动交流,有效提升了德育实践的效果。高校加强新媒体德育平台的建设应从以下几方面着手。第一,高校要在尊重学生个性发展的基础上,不断提升网络德育文化的品质和厚度。高校的官方微信公众号、微博和 QQ 空间等新媒体平台上的内容建设要多些诚意、更接地气，让学生的阅读更加轻松。第二，高校要有意识地使师生成为校园里的意见领袖，充分发挥微博、微信和客户端的引导作用，在新媒体的环境下有计划地开展德育话题的讨论并解答问题。只要掌握了新媒体平台的话语权，高校就掌握了德育实践的主动权和主导权。第三，高校要引导师生对主旋律的德育内容进行广泛的评论、点赞、转发，营造风清气正、心灵共鸣的新媒体网络环境。学生在新媒体平台上有收获、有感触，自然就会经常浏览这些平台。

二、创新"互联网 + 管理"的流程

2018 年 4 月，习近平在考察海南省政务数据中心时指出，各级党委和政府要强化互联网思维，善于利用互联网优势，着力在融合、共享、便民、安全上下功夫，推进政府决策科学化、社会治理精细化、公共服务高效化，用信息化手段更好感知社会态势、畅通沟通渠道、辅助决策施政、方便群众办事，做到心中有数。意在号召行政部门切实以群众为中心、以用户为中心，不仅要让管理过程更加科学化、精细化，更要让群众在共享互联网发展成果上有更多的获得感。"互联网 +"时代高校德育实践创新是新一代的互联网信息技术融入高校德育过程中，对学生教育管理服务的理念、方式、方法的全面优化和转型。运用互联网新兴的信息技术实现学生教育管理服务的信息化，不仅能使德育过程更加规范和高效，还让德育组织过程中的决策更加精准、有说服力，能切实提高高校德育实践过程的科学性。

（一）信息化管理实现德育过程的规范化和管理服务的高效性

1. 德育过程的规范化

"互联网 +"时代学生生活方式网络化、信息化的特点决定了高校德

育实践要以信息化的方式不断提升德育效果，而信息化管理服务过程也使德育过程更加规范。高校要顺应时代的发展，以信息技术为依托，建立信息化的学生教育管理服务系统，将学生行为教育管理从现实生活搬到互联网空间，利用信息技术的优势，建立学生操行管理信息平台，对学生的成长过程进行监督和规范，以一种无时无刻不在的环境压力对学生的成长轨迹进行规范。例如，高校可利用指纹识别和人脸识别等个人体征识别技术建立课堂学生电子身份签到和网络学习痕迹管理系统，利用手机定位技术建立学生行为轨迹监控管理平台等，对学生的学习、生活轨迹进行指导，把握学生成长的正确方向；建立学生信息管理系统，详细记载大学期间学生的各方面信息。这些信息化的管理服务方式可以有效培养学生的独立意识和契约精神。当然，高校在运用先进信息技术对学生的行为进行管理的过程中，也要把握好度，既要规范管理，又要注意对学生隐私的保护。

2. 管理服务的高效性

高校德育实践创新的信息化管理方式克服了学生教育管理过程中人为因素的影响，让德育过程更加规范、务实和高效。"互联网+"连接一切、尊重人性的管理思维，实质上是一种去中心化、扁平化的管理方式。这是符合"互联网+"时代的潮流的，是不可逆的革新过程。

高校德育实践创新要充分把握时代的特征和潮流、尊重学生的特点和需求，尽可能地减少不必要的管理层级，依靠信息技术的强大计算处理和记忆功能，建立丰富、立体的学生自助管理服务系统。例如，高校可建立学生自助报到系统、证书证明打印系统、学业管理系统等，让学生从进校就开始学会自助服务、自主教育、自我管理；利用微信、QQ、微博等新媒体平台实现网络查寝、网上投票等教育管理功能。这样做不但大大减少了德育实践中人员的工作负担，提高了管理服务环节的效率，而且符合学生喜好，有效增强了高校德育实践的亲和力，提高了德育实践的实效性。

（二）数据分析保证德育过程的精细化和准确性

1. 数据分析驱动德育过程的精准决策

当前，随着我国社会信息化程度的不断加深，绝大部分高校都已经启动了校园信息化建设，诸如校园一卡通、教育管理服务信息系统等，为高校德育实践创新提供了有力的基础保障。高校应该进一步利用"互联网+"时代的思维和技术优势，深入推进学生校园行为数据的采集工作，依靠权威的数据支持，通过智能化的大数据分析功能，为德育过程的精准决策提供可靠依据。

首先，构建可靠、动态、互通的学生行为基础数据库。学生行为基础数据库是大数据分析的源头。高校要从学校整体发展战略的高度树立大数据的思维，打通并连接校园内部的"信息孤岛"，确保学生行为数据库的唯一性和权威性，从而保证大数据分析的准确性。高校还要加大基础数据采集平台的建设，及时对学生的行为数据进行采集、存储、更新和整理，保持动态、有活力的数据采集，实现学生学习、生活、实践、娱乐等各个方面数据的纵向互通、横向互联，以保证基础数据库的整体性和有效性。

其次，构建及时推送的智能分析与预警系统。数据分析和决策辅助是大数据的核心价值所在。可以说，"互联网+"时代学生的一切行为都能够以数据的形式被描述。高校应充分利用大数据技术的优势，建立智能分析与预警系统，依托可靠、动态、互通的学生行为基础数据库，把学生的个人基本信息数据、学习行为数据、日常操行数据等大数据进行联系、对比、分析，发挥学生个人成长数据的整体效应，全面、准确地反映学生行为和思想的真实状态，让概念化的学生行为表征向可视化转变，让经验主义的决策向数据化、可靠性决策转变。同时，高校应完善智能分析与预警系统的及时推送功能，将分析结果和预警信息第一时间推送至家长、师长、同学等与学生个人成长相关联的德育工作队伍，实现学生个人成长过程的动态监控与干预，真正让每一名学生的成长都有陪伴和关心，保障学生健康、积极地成长和发展。

2. 数字化模型彰显德育智库的科学力量

"互联网+"时代高校德育实践创新的核心思路就是运用信息技术，对学生的成长和发展状态进行准确的把握，利用云计算、大数据的记忆存储和智能分析的功能，将高校德育实践过程数字化、标准化，减少德育工作者的负担和压力，提升德育实践工作的精细化和准确性，使德育实践工作的智库建设成为可能。

高校应大力构建一系列的德育实践数字化模型。这种德育实践过程中的管理模型和决策模型的构建，实际上是建立一种科学化、标准化的操作流程预设。数字化模型的构建是针对学生可能存在的经济困难、学业困难、心理困难、校园安全等常见的问题，从学生成长的数据库中提取相对应的行为信息，综合分析后对学生状态进行如实反映，并提供相应的干预和解决方案。如此一来，德育工作者就能够在学生成长和发展的不同节点，针对学生群体或个体发展的某个方面，如同选择套餐一般，运用构建的数字化模型对学生的状态进行准确把握，并依照数字化模型提供的干预及解决方案，完成对学生的德育实践活动。高校德育实践活动的规律性使这种数字化模型具有广泛的适用性和推广价值，成为高校德育实践活动中强大的智库，供德育工作者针对共性的问题和隐患在不同的学生个体中选择使用，辅助学生个性问题和困难的解决。

第二节 融媒体技术支持下高校德育创新路径

随着社会的不断进步和科技的飞速发展，高校德育工作面临的挑战也越来越多。如何通过创新方式、提升水平、拓展思路，使德育工作更加贴近学生实际，成为高校德育工作面临的一个新课题。在这样的背景下，融媒体技术成为高校德育创新的重要手段和支持。

一、促进师生成长共同体的双向构筑

融媒体技术可以为教师提供交流、学习、分享的平台，促进师生之间的互动和交流，形成师生成长共同体的双向构筑。具体而言，融媒体技术可以通过以下几个方面来促进师生成长共同体的双向构筑：

首先，融媒体技术可以为教师提供学习和交流的平台。通过融媒体技术，教师可以在不同的时间和地点进行学习和交流，与其他教师分享教学经验和教学方法，促进思想碰撞和教学创新。

其次，融媒体技术可以为教师提供教学资源和教学工具。通过融媒体技术，教师可以获取更加丰富、全面的教学资源，如网络课程、教学视频、教学素材等。同时，融媒体技术可以为教师提供教学工具，如在线交流平台、教学管理系统等，方便教师管理和组织教学活动。

再次，融媒体技术可以为教师提供互动和交流的机会。通过融媒体技术，教师可以与学生进行在线互动，提高教学效果。一方面，教师可以利用融媒体技术开展在线讨论、在线答疑等活动，鼓励学生积极参与互动，提高学生的学习兴趣和积极性；另一方面，教师也可以通过融媒体技术与其他教师进行交流，分享教学经验和教学方法，不断提升自己的教学水平和教学能力。

最后，融媒体技术可以为教师提供反馈和评估的机制。通过融媒体技术，学生可以及时向教师反馈自己的学习情况和感受，教师也可以根据学生的反馈及时进行调整和改进。融媒体技术还可以为教师提供教学评估的机制，帮助教师了解自己的教学效果和教学方法的优缺点，从而更好地提高教学质量。

综上所述，融媒体技术可以为高校德育工作提供重要支持，促进师生成长共同体的双向构筑。高校可以通过建设融媒体教育平台、开展在线教学和学习、组织教师交流和分享等方式，提高教师的教育教学能力和专业素养，进一步推进高校德育工作的创新与发展。同时，高校应该注重教师的德育建设和管理，不断加强师生之间的交流和互动，营造积极向上的教育教学环境。

二、创新德育内容的表达方式

德育的语言往往比较抽象，难以引起学生的兴趣和共鸣。融媒体技术可以通过"语言转化"技术将德育的语言转化为更加通俗易懂、富有趣味的语言，使学生更容易接受和理解德育内容。

在实现德育话语转化时，教师可以通过以下几个方面进行：

（1）将德育内容按照不同的主题和内容进行分类，提炼出关键词和重点内容。

（2）通过语音合成技术将德育内容转化为语音播报，让学生更加容易接受和理解。

（3）运用动画制作技术将德育内容制作成动画，增加趣味性和娱乐性。

（4）在实现德育话语转化时，要注意德育内容的准确性和科学性，不能因为趣味性而丧失德育的严谨性和科学性。

综上所述，融媒体技术可以为高校德育工作提供重要支持，创新德育的表达方式，使德育内容更加生动、有趣，进一步推进高校德育工作的创新与发展。

三、提升师资队伍的整体水平

（一）挖掘"名师主讲"，实现优质师资配置

高校可以通过直播、在线课堂等方式挖掘名师资源，实现优质师资的合理配置。这种方式可以让学生在不同的时间和地点接受高质量的德

育，提高学生的学习兴趣和参与度。

在挖掘名师资源时，高校应注重名师的教学经验和教育教学能力，促进名师与学生的互动和交流。比如，高校可以通过网络直播、在线互动等方式，让名师与学生进行互动和交流，以更好地传授德育知识，提高学生的学习效果。

（二）打造"特色内容"，保障优质内容传输

高校德育应积极打造"特色内容"，如德育课程、德育讲座、德育演讲等，通过这种方式保障优质内容的传输，最大化地提高德育工作的效果。

需要注意的是，在这一过程中，高校应注重德育内容的创新性和实用性，加强德育与现实生活的联系，使学生更容易接受和理解德育内容。同时，高校要注重德育的方法和手段，让学生在接受德育的同时，提高学习兴趣和参与度。

四、融媒体平台德育信息推送机制的充分挖掘

（一）做好算法推荐机制，实现精准传送

融媒体平台可以通过算法推荐机制为学生推荐适合他们的德育内容，以便学生接受和理解。这种机制需要基于学生的兴趣、学习情况、知识水平等多个因素，通过数据分析和人工智能算法实现精准推送。

（二）维持融媒平台的用户群，稳固用户流量池

融媒体平台需要稳固用户流量池，如此才能保障德育内容的传播。高校可以通过提供个性化服务、建设社区等方式，吸引更多的用户进入融媒体平台，提高用户的活跃度和忠诚度。

（三）注重融媒平台的重构，规范平台的使用

融媒体平台的重构是德育信息推送机制的重要保障。高校需要注重融媒体平台的建设和维护，规范融媒体平台的使用方式和范围，提高平台的可用性和稳定性。

五、完善融媒体智慧监控与网络信息安全工作

（一）完善相应机制的精准帮扶，强化统筹管理

融媒体技术的使用不可避免地会产生信息安全问题。高校要建立完善的网络信息安全机制，对融媒体平台上的信息进行监控和管理，防止不良信息的传播。同时，高校要完善相应的帮扶机制，对学生和教师进行相关知识和技能培训，提高他们的网络安全意识和技能。

（二）完善不良舆论的监测预警，强化监控管理

高校要建立完善的监测预警机制，及时发现和处理不良舆论，避免不良舆论的影响和蔓延。同时，高校要加强监控管理，对融媒体平台上的信息进行监控，及时处理不良信息。

（三）完善法律法规的补漏工作，强化法治管理

高校要加强对法律法规的学习和宣传，完善法律法规的补漏工作，强化法治管理，尤其要重视对网络安全的法律法规的学习和宣传，最大化地保障网络安全和信息安全。

融媒体技术支持下的高校德育创新，需要注重师生之间的互动和交流，创新德育内容的表达方式，提升师资队伍的整体水平，充分挖掘融媒体平台的德育信息推送机制，完善融媒体智慧监控与网络信息安全工作，同时加强对法律法规的学习和宣传，保障网络安全和信息安全。

第三节　大数据背景下高校德育创新路径

一、大数据背景下德育面临的变革

（一）大数据的概念和特点

"大数据"由"big data"翻译而来，指的是需要新处理模式才能具有更强的决策力、洞察力和流程优化能力的海量、高增长率和多样化的信息资产。早在1980年，未来学家阿尔文·托夫勒（Alvin Toffler）便在《第三次浪潮》一书中，将大数据热情地赞颂为"第三次浪潮的华彩乐章"。大数据时代是一个在大规模数据基础上挖掘、运用和创新的"数字时代"。哈佛大学社会学教授加里·金（Gary King）等认为，"这是一场革命，庞大的数据资源使得各个领域开始了量化进程，无论学术界、商界还是政府，所有领域都将开始这种进程"[1]。等认为，维克托·迈尔－舍恩伯格（Viktor Mayer-Schönberger）和肯尼斯·库克耶（Kenneth Cukier）在《大数据时代：生活、工作与思维的大变革》中指出，大数据是"人们获得新的认知，创造新的价值的源泉"[2]。

《自然》杂志在2008年9月曾推出以"大数据"为题的封面专栏，讲述大数据在数学、物理、生物、工程及社会经济等多个学科扮演着越来越重要的角色。大数据的特征可以用"4V"来概括，即volume、variety、velocity和value。volume（容量）是指大数据巨大的数据量与

---

[1] 金，基欧汉，维巴.社会科学中的研究设计[M].陈硕，译.上海：格致出版社，2014：65.
[2] 迈尔－舍恩伯格，库克耶.大数据时代[M].盛杨燕，周涛，译.杭州：浙江人民出版社，2013：36.

数据的完整性；variety（种类）则意味着要在海量、种类繁多的数据间发现其内在关联；velocity（速度）可以理解为更快地满足实时性需求；value（价值）是指大数据的最终意义即通过数据获得洞察力和价值。可以看出，海量数据、运转快速、分类挖掘等特点已成为大数据时代的主要特征。因此，大数据不仅是指呈现出的海量数据，还包含对这些以非结构化形式呈现的数据进行处理和运用，如以音频、视频、图片等非结构化形式数据来探求不同因素的相关性，为制定有效对策提供科学性和实证性支撑。

（二）微观层面，大数据为学生个体学习效果评价提供新思路

当前，智慧校园建设是各个高校关注并积极实践的热点，无处不在的高速网络和先进的移动连接设备（智能手机、平板电脑、笔记本电脑），使得学生的学习、教师的科研教学、后勤保障服务等实现了深度融合。通过云计算、物联网等技术实现相关信息的收集，学生在价值取向、兴趣爱好、学习能力、接受水平、行为模式等方面的信息都能够被挖掘出来。这些数据既能够用于改进教育和服务工作，也是学生对现有的教育和服务提供的真实反馈。通过这种数据分析和反馈，教育工作者可以改进现有的教育工作模式，科学评估学生个体的学习效果。

（三）宏观层面，大数据为德育效果量化提供新方法

在大数据时代，从 MOOC、教学资源平台、云班课的运用，到学生参与社会活动的次数、上网记录、微信朋友圈、QQ 空间、校园一卡通使用记录等，这些都可以通过合理的数据清洗和发掘，精准勾勒出个人心理及行为画像，为教学效果评估提供量化数据。

2013 年中国迈入大数据元年后，国内教育领域也掀起了基于智慧校园利用大数据技术促进教育改革和创新发展研究的热潮。可以说，在大数据时代，进行教育创新，利用先进的数据分析和云计算技术，为每位学生成才提供帮助已经成为教育工作者的共识。

二、大数据背景下德育理念的创新

（一）德育个性化的再认识

目前，大数据理论和技术在商业领域已经得到了十分广泛的应用。亚马逊可以通过用户以往的成功交易记录、收藏记录、浏览记录甚至在某个页面停留的时长等多项数据，发掘其中的关联，描绘出用户的兴趣与需求，进而针对个人喜好进行广告投放甚至商品预判发货。在这一过程中，商家能够向目标群体推送更为适合的广告，提高商品关注度并增加销售的概率，而用户也能够获得个性化的商品推荐服务，提升了购物体验。在大数据思维的影响下，教育也将和商业发展殊途同归，回归到促进学习者个性化发展方面。因此，学校在学生的个性化发展方面承担着至关重要的任务。

在当前的智慧校园建设中，学生的选课记录、新闻浏览、网络言论、关注的话题、图书借阅记录等都可以成为大数据的来源。德育工作者可以通过云计算得到若干关于学生学习习惯、兴趣爱好、个性特征、思想动态等方面的信息，进而对德育、就业指导、心理辅导、学生活动、校园文化建设等多项工作提出有针对性的改进意见。德育工作者还可以将经典文献、科学理论、时事报道、观点述评整合起来，将政治教育、道德养成、伦理教育、就业指导、创新创业指导、心理辅导材料整合起来，如同网页广告的投放一样，根据学生的兴趣进行推送，实现个性化的资源配送。在这一过程中，德育工作者作为"供应商"，可通过数据反馈的结果对受教育对象的个性进行精准画像，为每名同学提供适合的服务。[①]

---

① 逄索，魏星.大数据在高校思想政治教育工作中的运用[J].思想理论教育，2015（6）：72-75.

（二）德育效果量化的新方法

高校利用大数据，对学生的校园信息进行收集和归纳，能够了解学生思想、生活状态的全貌，再对这些数据用科学的方法加以分析，便可以得出科学的结论，进一步对学生的行为开展预警和预测工作。以宿舍门禁为例，德育工作者可通过分析学生刷卡进出入宿舍的情况，提前获知学习可能出现问题的同学。如果是一名沉迷于网络游戏、经常旷课的同学，他的作息时间往往和其他同学不同甚至相反。通过相应数列的比对，德育工作者可能提前发现作息异常的同学并进行干预。除此之外，大数据在心理危机处理和学生资助认定等方面也有着非常广泛的应用。

（三）教学效果可视化原则的推广

大数据时代开启了研究以人为对象的数字世界，学生的日常学习、交往、生活等不同领域的行为轨迹也能以数据的方式集中呈现。鉴于此，高校可利用大数据分析技术，以图形、图标、曲线等方式勾画出学生关注的社会热点、思想行为特点等等，对学生进行全面、精准的画像，并以简洁明了的可视化方式形成学生整体素质的评估和预测，为德育工作决策科学化、教学质量评价客观化、监督制约过程化提供重要的实证支撑。

三、大数据在德育中的具体运用

（一）积极研究，全面树立大数据意识

德育工作者必须有树立大数据意识的紧迫感。除去社交媒体，无处不在的移动网络以及发展迅猛的物联网技术也是大数据的主要来源。一方面，德育工作者作为教育与日常管理服务的主要力量，应自觉主动地搜集与教育对象学习和生活紧密相关的真实而详细的数据资料。另一方面，德育工作者应鼓励教育对象进行"自我量化"，即利用可穿戴设备或应用软

件对个人学习和生活中的各项生理、心理指标进行实时测试和记录。这些个人数据的搜集不仅为教育者深度聚焦学生个体思想行为数据提供了可靠依据,也有助于提升学生的自我认知。今天,德育工作者在面对网络最活跃的群体时,只有积极搜集每个学生网络生活的碎片化"痕迹",才能更加深刻地了解评估教育对象。

(二)整合资源,科学组建德育工作团队

从广义上看,学校是育人场所,每一位教职工都承担着育人的重要责任。特别是在大数据环境中,精细分工、共同协作更加必要。第一,应有一支大数据技术队伍。负责智慧校园建设、数据平台的顶层设计、动态搜集工作以及相关物联设备的日常运行维护。第二,要有一支大数据分析队伍。主要是计算机专业人才,他们根据需求,运用不同算法、公式获取问题或不同信息间的相关性,运用数据挖掘及清洗,使数据可视化呈现。第三,要有一支教育教学应用反馈队伍。包括思想政治理论课教师、学工队伍等,他们要能够及时应用数据调整教育教学工作,同时将应用效果和问题进行反馈。

(三)大胆实践,推动课堂教学智能化

当前,手机正由最初的通话工具向着个人智能移动终端的方向飞速发展。德育工作者应主动适应大数据时代,积极应对个性化学习以及更广泛领域的科技创新带来的挑战。比如,德育工作者可以让手机成为课堂教学的有利工具,甚至让手机成为帮助自己延展德育广度和深度的重要帮手。

(四)保护隐私,科学实现数据采集与分析

大数据在德育中的应用必须有章可循、有法可依。如何保障信息安全、保护个人隐私、合理利用行为数据更好地为学生提供服务,也将是德

育工作者将大数据技术运用于德育领域时必须解决的重要问题。德育工作者要严格按照规定进行数据方面的采集和分析。

总体来看,大数据对社会、经济、政治、文化带来的冲击极为深远,一种全新的社会形态正在生成中,并将孕育人们全新的世界观、人生观和价值观。共享开放、发掘特征、个性化定制、因材施教将成为大数据时代德育的标志。鉴于此,德育工作者必须适应时代发展,不断实现德育创新,在为国家培养更多合格人才方面做出贡献。

第八章

高校立体化德育创新

第八章　高校立体化德育创新

第一节　高校立体化德育的内涵

一、立体化概念界定

立体是相对平面而言的，平面的特征是二维性，立体则具有三维性。立体化德育中的"立体"不局限于空间限定，有时间的延续性，是多维度、全方位和运动变化的。它不仅具有三维的空间要素、一维的时间要素和运动变化的过程，还有颜色、气味、声音、氛围等要素参与，与平面二维相比更加直观、生动、真实。"化"则包含转化之含义，也包含完全、彻底的意思。前者讲过程，后者说结果的状态。本书所谈的立体化的概念是指由平面向立体转变的过程和通过这个过程追求的结果。

二、立体化德育概念界定

立体化德育是相对于平面化德育而言的，是一种全方位、多渠道、多因素共同作用的生动、形象、丰富、真切的德育。简言之，就是一种追求真情实感的德育。[1] 立体化德育概念也有广义和狭义之分。广义的立体化德育是以"学校、家庭、社会"三位一体的立体化德育。狭义的立体化德育专指高校立体化德育，即高校通过建立立体化德育内容体系、立体化

---

[1] 高建平.高校德育工作辩证论[M].北京：知识产权出版社，2009：45.

德育渠道、立体化德育环境、立体化德育体系、立体化德育作用方式等来实现立体化德育。本书主要立足狭义概念的立体化德育概念进行探究。由于高校及其学生属于社会的组成部分和成员，高校德育研究不可能作为一个完全封闭、孤立的对象来进行，所以立体化德育研究也必然涉及家庭和社会的教育作用和影响。

三、高校立体化德育的内涵之辨

（一）平面化德育与立体化德育

平面化德育与立体化德育是围绕同一教育目的而采取的不同的德育方式。平面化德育是运用相对单一、静态、抽象、枯燥的途径和方法对学生进行思想政治教育和道德品质的教育。平面化德育是以单纯的文字和语言为特征的。它以报纸、杂志、书籍、录音、广播、墙报等语言文字为主要工具，采取讲授、报告、宣传的德育方式。其不足之处是实施过程带有一定程度的时空上的局限性，内容相对抽象，途径也较单一。

而立体化德育是立体的、多信号刺激的、多渠道影响的、全方位作用的德育。它使用多媒体、网络、手机、影视等传媒工具，或创造有利的软硬环境，或设置学生实践体验的场合和条件，运用丰富、生动、形象、真切的教育方式，使学生在生动活泼、轻松愉快的氛围或环境中接受德育或受到潜移默化的影响。

高校立体化德育特点具体体现在以下方面：第一，高校立体化德育的影响来源是多渠道、多方面、多因素的，既有宏观意义上的大环境的影响，也有微观意义上的小环境的影响；第二，高校立体化德育过程生动、内容真实，可以让学生有身临其境的感觉；第三，高校立体化德育媒介和手段更加趋向现代化，如运用网络、影视等传播媒介，形成融声、形、图、文为一体的德育传播方式，以适应学生身心发展特点；第四，立体化德育方式克服了平面德育的时空局限，具有影响渠道多、覆盖面宽、渗透力强等特点。

（二）立体化德育与德育立体化

立体化德育是是一种全方位、多渠道、多因素共同作用的生动、形象、丰富、真切的德育。德育立体化则是由平面化德育向立体化德育转化的过程和追求的目标。

德育立体化可以分成三个层次：第一层次是通过书面语言或口头表达的方式，对学生进行的德育；第二层次是通过电影、电视等影像手段，直接作用于学生的听觉和视觉器官，给予学生立体的感受；第三层次是让学生直接进入某项具体的实践活动之中，感受真实存在的场景和真实过程，得到真实体验。

第二节　高校立体化德育的特点

高校立体化德育是一个多层次、多因素构成的系统互动过程，是一个整合、立体的运行过程。高校立体化德育具有自身的特点，大致如下。

一、教育的整体性和过程的生动性

高校立体化德育不是简单的个体之间进行的德育实践活动，其整体性体现在资源的整体性、德育方法的整体性、德育目的的整体性、德育内容的整体性、德育过程的整体性等方面。可以说，高校立体化德育是把多种资源作为一个整体对学生进行教育、引导和培养的德育活动。无论是从广义的"学校、家庭、社会"一体的高校立体化德育还是狭义概念上的高校立体化德育来看，其目的都是实现学生的全面发展。

高校立体化德育媒介的运用使得德育信息传播更加生动、形象。比如，高校借助现代化传媒工具、手段对德育进行广泛传播，使德育由"读""想""听"变成"看""听""信"，即让学生真实地"看"到德育画面，画面中的时间、地点、人物等都是客观存在的；"听"到视频中人物间的语言交流;"信"服道德是人成长的需要。

二、空间的立体性和内容的真实性

在高校立体化德育中，空间立体性是一个重要的方面，其主要涉及德育的物理空间、心理空间和网络空间等多个维度。物理空间是指校园环境、教室、实验室、图书馆、宿舍等学生学习和生活的场所。优化物理空间的布局和设计，可以为德育创造有利条件。例如，高校可以通过设置德育主题的宣传栏、校园文化墙等，传播德育理念，引导学生树立正确的价值观；设立团队活动室、志愿者服务中心等，提供学生参与德育活动的场所。

心理空间是指学生的心理需求、情感体验和价值观念等方面。高校要关注学生的心理健康，及时发现和解决学生的心理问题。一方面，高校要关注学生的个性差异，因材施教，使德育工作更加贴近学生的实际需求；另一方面，高校要加强师生之间、同学之间的沟通与交流，营造和谐、友善的校园氛围，使学生在德育过程中感受到关爱和支持。

网络空间是指互联网、社交媒体等虚拟空间。当今社会，网络已成为学生获取信息、交流思想的重要途径。鉴于此，高校可合理利用网络空间开展德育工作，加强网络安全教育，引导学生树立正确的网络道德观念，防范网络陷阱。

除了德育空间的立体性外，高校立体化德育的内容也具有鲜明的真实性。高校立体化德育能给予学生真实、真切的感受，因为无论是环境育人还是服务育人，都是发生在他们身边的真人、真事，而不是"假、大、空"的理论性知识。正如中国教育先导陶行知所说，"生活即教育"[①]，好的生活就是好的教育，坏的生活就是坏教育。高校立体化德育应做到内容真实，让学生真切感知教育的存在，如此才能获得理想的效果。

---

① 陶行知.生活即教育[M].武汉：长江文艺出版社，2021：15.

三、方法的多样性和媒介的多元性

立体化德育的教育方法灵活。立体化德育强调因材施教，根据学生的个性差异和需求采用不同的教育方法。启发式、讨论式、情景式等多种教育方法的灵活应用，使德育工作更加贴近学生的实际需求，增强了德育的针对性和有效性。

随着现代化科技成果被大量引入德育活动中，立体化德育媒介的选择越来越趋向现代化、多元化。在继续利用传统常规媒介的前提下，高校德育又增添了现代化的媒介，即电视、网络、智能手机等，有效丰富了高校德育的教育手段，拓宽了高校立体化德育的实施途径。

四、对象的主体性和地位的平等性

高校立体化德育充分肯定了学生的主体性和能动性，以学生的全面发展和满足学生的成长需要为目的，充分发挥学生的主体作用，能够使学生自主、自觉地进行价值判断和选择，并最终养成良好的道德品质。

高校立体化德育的主客体地位平等。由于教育者与受教育者是平等关系，受教育者可以在无排斥的心理状态下不知不觉地接受德育信息。这种平等性能有效促进学生的自主内化，提高自身的道德素质。

第三节　高校立体化德育的实现路径

一、教育主体的立体化

教育是一种有目的、有计划、有组织的培养人的社会实践活动，教育者和受教育者是构成教育活动的基本要素。关于什么是德育的主体，教育界目前有三种主流看法：一是以教育者为中心的单主体说，认为只有教育者是主体，是教育活动的规划者和执行者，受教育者则是客体，是主体在教育活动的过程中实施其作用和进行改造的对象。二是以受教育者为主体,以教育者为主导的双主体说。这种说法承认教育者和受教育者是拥有平等地位的共同主体,他们的客体是一样的,即教育内容等要素。并且在双主体的教育者和受教育者的关系中,教育者起主导作用。三是教育者和受教育者互为主体。这种看法的主要观点是在各个条件都允许的情况下可以实现教育者和受教育者主客体的相互转化。根据研究需要,本书采用双主体说的观点来论述高等院校德育主体立体化的问题。

(一)实现德育工作者立体化

在双主体的观点里,教育者与受教育者都是主体,但是教育者在教育活动的过程中起着主导作用。一般来说,各高等院校的教育者组成可以分为四大类:专业课教师、公共课教师(本书主要指思想政治理论教师)、高校辅导员、行政管理人员。而要实现高等院校德育工作者立体化,高校必须先实现全员育人,即所有的德育工作者都投身于德育。需要指出的一点是,此处强调的全员育人并不是要求所有的德育工作者都去上思想政治教育课,而是强调他们在课堂教学、校园生活和实践活动中以身作则,用自身的行为和思想引导受教育者,使受教育者得到教育。

综合来看,高等院校德育工作者立体化的实现途径如下。

1. 提高德育工作者的德育工作意识

要实现德育工作者的立体化,高校必须从提高德育工作者的工作意识着手,具体包括以下几个方面。

第一,树立正确的德育观念。德育工作者要树立正确的德育观念,认识到德育工作对学生全面发展的重要性。只有确立了正确的德育观念,德育工作者才能在实际工作中将德育理念更好地渗透到课程设计、教学活动和学生管理的各个环节。

第二,提高教育责任意识。德育工作者要深刻认识到自己的责任和使命，关心每一位学生的成长，关注他们的心理健康和道德发展。

第三，强化创新意识。面对不断变化的社会环境和学生需求，德育工作者要不断创新德育方法和手段，提高德育工作的针对性和有效性。这需要德育工作者具备敏锐的洞察力，关注教育前沿动态，勇于尝试新的德育理念和实践方法，实现德育工作的创新。

第四，增强协作意识。德育工作需要各方共同参与。这就要求德育工作者充分发挥团队协作的力量，与其他教育者、学生、家长和社会共同推进德育工作。在这一过程中，德育工作者要学会倾听他人的意见和建议，尊重不同的观点，形成良好的合作氛围，提高德育工作的综合效果。

第五，研究与实践意识。德育工作者要关注德育研究与实践，结合实际工作不断优化德育方法。具体而言，德育工作者要关注德育理论的发展和实践经验的积累，通过对德育研究成果的学习和运用，提高自身的教育实践能力，推动德育工作的不断发展。同时，德育工作者要勇于尝试新的德育方法，总结实践经验，为德育理论和实践的发展提供有益的借鉴和参考。

第六，自我提升意识。德育工作者要关注自身专业素养和道德修养的提升，以身作则，为学生树立良好的榜样。比如，德育工作者可以通过参加培训、研讨会等形式，提高自己的专业知识和教育技能。同时，德育工作者要注重自身修养，树立崇高的师德，赢得学生和家长的信任和尊重。

第七，反思与评估意识。德育工作者要养成定期反思和评估自身德育工作的习惯，从中发现问题、总结经验，不断提高德育工作的质量。通过对德育工作的反思和评估，德育工作者可以更好地发现工作中的不足之处，及时进行调整，为学生提供更加优质的德育服务。

2. 拓宽德育工作者的素质提升途径

第一，高等院校应该更加重视教育者在德育方面的再培训和再学习。高等院校对专业课教师专业素养和能力方面的再培训和再学习，不论是在政策上还是在资金方面，都是非常有支撑和保障的。但是想实现高等院校德育立体化的全员育人，仅重视专业课教师的专业素养和能力是远远不够的。高校德育的理论和实践是随着社会发展而不断发展和成熟的，因此高等院校对德育工作者进行德育方面的再培训和再学习是顺应社会发展的，也是十分迫切的。

第二，高等院校应该积极地为德育工作者教学能力和实践能力的提高创造条件，提供再培训和再学习的平台和条件。德育工作者的能力提升是一个过程，这与受教育者的接受教育的过程相似。在这个过程中，教育者也是受教育者。也就是说，德育工作者需要一段较长的学习时间和一个有效的教育环节。这些教育环节的实施，需要学校投入更多的人力、物力和财力，而这些教育环节正是提高德育工作者德育能力和实践能力的关键，是不容忽视的。

第三，高等院校还应该调动一切有利条件来促进德育工作者认知水平的提升。德育工作者的认知水平代表了德育工作者的行为能力。高等院校可以给德育工作者提供在职读研究生的机会，丰富德育工作者的理论知识，完善德育工作者的知识结构，进而达到提高全体德育工作者的认知水平的目的。

3. 鼓励德育工作者将专业教学与德育有机结合

高等院校在学生中开展德育要利用好专业课程教学这个平台，在专业理论知识和专业技能教育实践中对学生进行潜移默化的教育和引导。教育者作为学生在学习道路上的领路人，其思想和行为常常影响着受教育者。这就要求教育者具有良好的情操和修养，在专业教学中做到言传身教，达到教书育人的目的。同时，高等院校应积极整合校内外教育资源，在丰富多彩的专业教学实践活动中渗透德育，将德育与教学实践结合起来，从而实现大学生德育效用的最大化。

（二）从受教育者角度分析高校德育立体化

从受教育者的角度来分析实现高校立体化德育，主要涉及以下几个方面。

第一，个性化需求关注。立体化德育注重关注学生的个性化需求，因材施教，提供符合学生特点和需求的德育。这有利于激发学生的学习兴趣和积极性，使他们在德育过程中感受到自己的价值和成长。

第二，全面发展关注。立体化德育着力培养德智体美劳全面发展的人才。多元化的德育手段和形式既关注学生的道德品质培养，又关注学生的智力、体能、审美等方面的发展，为学生未来的学习和生活奠定了坚实基础。

第三，社会实践参与。立体化德育强调将德育与社会实践相结合，鼓励学生参与志愿服务、社会实践等活动，培养他们的社会责任感和公民意识。通过参与社会实践，学生可以将德育理论知识与实际相结合，提高自己的实践能力和社会适应能力。

第四，德育评价多维度。立体化德育注重对学生德育成果进行全面、多维度的评价，包括道德行为、道德情感、道德认知等方面。这有助于德育工作者全面了解学生的德育成果，为进一步完善德育工作提供依据。同时，多维度的评价也能激励学生积极参与德育活动，努力提高自己的德育水平。

二、教育模式的立体化

在当今社会，高校德育工作正面临诸多挑战，如何有效提升德育质量，使之更加适应时代的要求成为高等教育领域迫切需要解决的问题。在此背景下，高校德育模式的立体化应运而生。立体化德育模式主要包括以下三个方面：课堂教学、实践教学、网络教育。

（一）课堂教学是基本保障

课堂教学作为德育工作的基础，对高校德育质量具有直接的影响。立体化改革有利于提高课堂教学的质量，推动德育目标的实现。

1. 教育目标的立体化

立体化德育目标要求教师根据学生的特点和需求，设定个性化、多样化的德育目标，以培养学生的道德意识、品行。这需要教师对学生进行个体化关注，发现学生的优点和不足，制定具有挑战性和可行性的德育目标。

2. 教育方法、教学手段的立体化

立体化教育方法和教学手段要求教师采用多元化、互动性强的教学策略，如案例教学、小组讨论、角色扮演等，激发学生的学习兴趣，培养其主动参与德育过程的能力。教师应不断创新教学方法，调动学生参与课堂讨论的积极性，培养学生的团队协作能力和道德判断能力。

3. 教师角色的立体化

立体化德育要求教师在教学过程中扮演多重角色，如导师、引导者、参与者等。教师不仅要传授道德知识，还要引导学生进行道德思考和实践，帮助学生解决道德困惑。同时，教师应以身作则，展示良好的道德品质，成为学生学习的榜样。

4. 德育氛围的营造

立体化德育要求教师在课堂教学中注重德育氛围的营造，为学生提供一个充满关爱、尊重和支持的学习环境。教师应关注课堂氛围，调整教学方式和策略，营造积极、和谐的课堂氛围，使学生在轻松愉快的学习氛围中自觉接受德育。

综合来看，立体化课堂教学不仅有助于培养学生的道德意识、品行和人际关系等，还能提高学生的德育学习兴趣和积极性，使学生在轻松愉快的学习氛围中自觉接受德育。这种教育模式有助于培养具有全面素质和道德品质的人才，为社会发展做出更大的贡献。

（二）实践教学是重要途径

实践教学在德育工作中具有不可替代的作用。高校可组织丰富多样的实践活动，如社会实践、文化活动等，将德育从课堂拓展到现实场景，培养学生的实践能力和道德品质。

1. 社会实践的立体化

高校应积极开展社会实践活动，引导学生关注社会问题、关爱弱势群体、参与社会公益事业。

高校可与企业、政府部门、社会组织等多方合作，开展实践项目，提高学生的实践能力。高校也可让学生参与志愿者活动、社区服务、支教等公益项目，通过实际行动践行德育理念，增强道德责任感和社会责任感。

2. 校园文化活动的立体化

校园文化活动既可以丰富学生的课余生活，也有助于培养学生的道德情操、审美情趣和人文素养。高校应举办丰富多彩的校园文化活动，如德育主题讲座、道德模范事迹报告会、德育知识竞赛等，以提高学生的道德素养和文化修养。

另外，高校还应加强德育相关课程和活动的组织与管理，确保学生有充足的时间和空间参与校园文化活动。

3. 德育实践基地的立体化

高校应建立校内外德育实践基地，如德育实验室、德育课程实践基地等，为学生提供实际操作和实践的场所，增强德育的实践性和操作性。

在这一方面，高校可与社会机构、企业等合作，共建德育实践基地，为学生的实践创造条件，让学生在实践中感受道德规范的重要性，增强创新意识和责任意识。

高校应定期对德育实践基地进行评估和改进，确保实践基地的有效运行，满足学生德育实践需求。

总结而言，实践教学是德育的重要途径，立体化实践教学有助于提高德育质量。

（三）网络教育是延伸补充

从"立体化"教育体系的视角来看，运用网络技术进行德育是一种延伸与补充，有利于提升德育质量。

1. 运用电视媒介，推进德育立体化

发明电影技术之后，就有了记录事件真实情景和发展过程的手段。当今社会的数字技术、多媒体技术、影视技术更加完善，为高校德育立体化提供了可能。例如，四川某高校于2002年创建学生电视园地。自成立以来，学生电视园地开辟了《聚焦》《身边》等栏目，制作了各类专题教育节目100余个，拍摄、播出教育新闻1 600余条，还创作拍摄了反映学生生活和自身成长历程的《十分钟》和《秋收季节》等电视短片，深受同学们喜爱。

另外，该校电视园地还通过宣传典型、批评不良现象、组织专访、座谈、辩论等形式，全方位、多角度、形象化地向学生进行以爱国主义、集体主义、社会主义为主要内容的德育，强化学生的社会道德观念，帮助

学生树立正确的人生观。学生电视园地制作的电视节目具有真实形象的声像效果、迅速实时的传输功能、贴近校园生活的亲和力等特点，已成为该校立体化德育的重要组成部分。

2. 运用网络载体，促进立体化网络育人体系

在当今社会，网络已经成为人们生活和学习中不可或缺的一部分。网络载体突破了时间和空间的限制，为高校德育提供了个性化、多样化的资源和广阔的发展空间。借助网络技术，高校可以构建立体化的网络育人体系，进一步提升德育的质量和效果。

首先，网络技术为德育课程的设计和传播提供了更多的可能性。教师可以利用网络平台发布德育课程，结合文本、图片、音频、视频等形式，提高课程的吸引力和教育效果。此外，教师还可以利用网络技术实现课程资源的共享，使学生随时随地获取优质的德育学习资源，满足不同学生的学习需求。

其次，网络平台有助于组织在线讨论、交流和合作。教师可通过网络平台发布德育主题的讨论题目，引导学生进行深入的思考和探讨，培养其独立思考能力和批判性思维能力。同时，学生可以在网络平台上相互交流、互动和合作，提高自身的道德认知。

最后，网络载体为德育创新创造了条件。教师可以借鉴国内外先进的德育理念和实践经验，探索网络技术在德育中的新应用，不断丰富和完善网络育人体系。例如，教师利用虚拟现实（VR）技术和增强现实（AR）技术，为学生提供沉浸式的德育学习体验，让学生在虚拟场景中感受道德规范的重要性，有利于提高学生的道德认同感和自觉践行道德规范的能力。

3. 运用App平台，打造立体化掌上德育工具

（1）借助App平台，建立立体化德育新途径。随着移动互联网的普及，各类App已成为将电视、网络、通信、摄像、照相等功能融为一体

的现代传媒工具,能有效、快速地传递各种信息。高校应积极主动运用这一传媒工具,开通教育、就业、公告信息平台,向学生传达党的重要会议精神,宣传党的理论和传播先进文化,拓展立体化德育途径。

(2)运用智能手机,打造立体化德育工具。目前,智能手机已成为辅导员、班主任及专业课教师与学生沟通和交流的一个快捷工具。四川某高校关心下一代工作委员会老师就利用微信等形式为假期留守同学送去问候,对学习预警同学在每次考试前预先给予提醒,激发了学生的学习动力,收到了意想不到的效果。此种贴近学生、以情动人的形式可以使学生在日常的学习中不知不觉地接受德育。在这一过程中,德育不再是一句空话。

三、考评机制的立体化

教学考评是德育的重要组成部分,是教学活动开展的指向标。在上述的课堂教学、实践教学、网络教育立体化教学模式中,高校必须建立配套的考评制度,以利于培养目标和教育计划的实现。一般而言,高校建立和完善学分制的柔性教学考评制度应遵循以下几点原则。

第一,目标性原则。学分制的柔性教学考评制度要明确德育的根本目的,结合不同专业学生的实际特点,从宏观结构着眼,从微观着手,构建具有创新性、开放性、合理性的实践学分认定与管理体系。

第二,激励性原则。学分制的柔性教学考评制度要服务于德育主体,建立科学合理、符合本科生特点的激励机制,健全导师团队辅导系统,以多种形式鼓励学生参与实践,并根据实际情况给予学分,提供创新活动经费支持。

第三,立体化原则。德育的考评机制要立体化,从科研实践、技能实践、社会实践、管理实践等方面着手。比如,高校应积极引导学生参加国家级、区级各大专业比赛,学院校园文化艺术节及社团文化节,支教社会实践等,并在此基础上建立校级、院系级、班团级等多层级的立体化考评制度和实施方案。

第九章 新时代高校德育教师队伍师德师风建设

第九章　新时代高校德育教师队伍师德师风建设

新时代，我国社会的主要矛盾已经转化为人民日益增长的美好生活需要和不平衡不充分的发展之间的矛盾。人民群众对高等教育也有了更高的期盼。高校的教育对象是正处于人生观、世界观、价值观形成时期的青年人，他们思维活跃、善于质疑、知识面广。这就决定了高校德育教师队伍，不仅要搞好教学科研工作，还要言传身教，承担传承中华文明、传播先进文化、引导青年人积极投身中华民族伟大复兴事业的重任。

近些年，我国高等教育发展迅速，教师队伍规模进一步扩大。在这一背景下，高校师德师风建设必须建立长效机制，明确师德师风边界，提高师德师风建设水平，激发教师内生动力，解决好"培养什么人、怎样培养人、为谁培养人"的问题，打造一支师德高尚、业务精湛、结构合理的高校教师队伍，以适应国家现代化发展的需求。

第一节　高校德育教师队伍师德师风建设的主要内容

一、师德与师风的含义

师德是教师职业道德的简称，是职业道德的一种。其是教育教学工作者在人才培养、科学研究、学校管理等方面所具备的道德品质和应遵守的行为准则。师风，通俗来讲就是教师行业内部的风气。从狭义上讲，它指的是教师群体在行使权力和履行职责时，表现出的较为稳定的思想道德和行为风尚；从广义上讲，它指的是教师群体在一定条件下形成的思想道德和行为风尚的整体表现，指的是一种由教师群体的思想道德与行为风尚共同创造的一种相对稳定的工作环境和生活氛围。总的来讲，师德是表现在教师个体身上的职业道德修养，而师风是整个教师队伍表现出来的职业道德习惯和风气。师德是一种教师个体内化于心的自我德行，师风则是师德的外在表现，是一种相对稳定的风气和氛围。积极健康的师德汇聚、积淀、传承后形成健康向上的师风；整体性的师风则通过教师的具体行为反映教师的师德状况，同时对教师的师德产生潜移默化的影响。因此，师德与师风是同一过程的两个方面，两者互为基础、相辅相成、相互促进。

二、新时代高校德育教师队伍师德师风建设的基本要求

"大学教师是大学的核心，是大学能否办好的关键，他们是大学教育教学实践的主导者、研究的主体者和改革的主力军。"[1] 新时代，高校必须培养具有过硬的政治素质、精湛的科研能力和高超教书育人能力的教师队伍，以推动高等教育内涵式发展，从而更好地落实立德树人的根本任务，实现"教育强国"的伟大目标。

（一）突出高校师德师风建设的政治性

我国是中国共产党领导的社会主义国家，党和国家始终遵循的指导思想是马克思主义，我国的教育事业也是社会主义教育事业，党对教育事业的发展是全面领导。教育培养的建设者和接班人也必定是坚决拥护党的领导，拥护中国特色社会主义制度的发展，努力为社会主义现代化建设发展服务的有用人才。我国的国家性质以及教育事业的根本任务决定了师德

---

[1] 李建华. 高校教师职业道德修养 [M]. 长沙：湖南师范大学出版社，2015：25.

师风建设具有鲜明的政治性特征。高校要通过加强师德建设，提升教师的政治理论素养，使教师具备坚定的马克思主义信仰、共产主义理想、中国特色社会主义共同理想，使教师的言行举止符合社会主义核心价值观的要求。

（二）兼顾高校师德师风建设的整体性

一方面，师德师风建设的内容具有整体性。师德师风建设包括制度、体系、校园环境以及物质保障等诸多内容，是一个完整、紧密的系统。另一方面，对于高校教师而言，既要爱国爱党、遵纪守法，又要爱岗敬业、关怀学生，还要严谨治学、服务社会。特别是教师在教育教学活动中所表现出的个人品德、职业道德，直接影响学生三观。因此，高校师德师风是一个不可分割的整体，需要围绕党和国家、社会、个人等多个维度进行全面建设，缺一不可。

（三）重视高校师德师风建设的法治特点

师德师风建设最终的落脚点是对教师的职业道德行为进行规范和约束，并达到预定的目标。一方面，高校要通过教育培训、校园文化建设等方面对教师进行"软"约束，使教师以社会评价、内心道德的方式，约束管控自身的行为；另一方面，高校需要通过法律法规、规章制度等"硬"约束，明确划定教师职业行为的红线以及教师应承担的义务，以外在强制力的方式使教师的行为符合国家和社会的要求。

三、高校德育教师队伍师德师风建设长效机制确立的重要意义

高校作为师德师风建设的主体，既要落实好师德师风长效机制建设工作，又要严格执行体制机制工作中的各个模块。教师是教育事业的基础力量，在很大程度上影响着教育事业的发展。面对人民群众日益增长的对优质教育资源的需求，高校加强师德师风建设长效机制建设意义重大。

第一,有利于加强新时代我国高校教师队伍建设,为办人民满意的高等教育提供坚实保障。办人民满意的教育,需要一支素质过硬、能打胜仗的高水平高校教师队伍。除了优秀的学术能力和高超的学术水平之外,高尚的师德师风也是高校教师必备的"硬件"条件之一。在与学生交往中不难发现,学问精深的教师不一定受到学生的喜爱,但学问精深且师德高尚的教师,一定能赢得学生发自内心的尊重和敬佩。[1]可见,良好的师德师风是高校教师得以高效开展工作和参与职业活动的前提。

第二,有利于提高新时代我国高等教育整体水平,深化高等教育改革,实现教育强国的目标。中国特色社会主义进入新时代以来,面临着世界百年未有之大变局,提高高等教育整体水平是应对激烈国际竞争的重要方式。新时代高等教育注重人才培养的质量以及社会发展需求。高校教师是高校教书育人任务的主要承担者和落实者,高校师德师风直接影响着高校人才培养的质量,影响着高等教育的整体水平。"高等教育公平行动需要在心理自尊的关照下进行程序合法性或方式正当性的审查。"[2]新时代加强我国高校师德师风建设,有利于促进高等教育公平公正,有利于落实立德树人根本任务,有利于推动高等教育内涵式发展,从而提高我国高等教育的整体水平。

第三,有利于深化社会主义核心价值观引领,提高全社会文明程度,推进精神文明建设。社会主义核心价值体系是当代中国精神的集中表现,凝结着全体人民共同的价值追求,是高校师德师风建设不可或缺的内容。在全球化背景下,世界各国的文化交流愈加频繁,一些负面影响也随之而来。高校是学生系统学习专业知识的主要阵地,也是学生思想道德、价值观念、个性人格形成的主要场所。在此阶段,学生的自我意识开始觉醒,稳定的道德品质和价值观初步形成,并尝试对自己的人生进行长远和科学

---

[1] 彭琛琛.新时代我国高校师德师风建设研究[D].兰州:西北师范大学,2020:14.
[2] 解德渤.高等教育强国建设需要什么样的高等教育公平[J].高等教育研究,2019(5):26-28,19.

的规划。师德师风在这个过程中对学生起到不可替代的示范作用。高校师德师风长效机制建设,有利于坚定高校教师理想信念,有利于提高高校教师的政治素养,有利于深化社会主义核心价值体系在学生群体中的影响,为建设社会主义现代化强国奠定基础。

第二节　高校德育教师队伍师德师风建设的特点

一、运用马克思主义的观点和方法

马克思(Marx)、恩格斯(Engels)的许多论著中体现着关于道德、人的发展等重要理论,为高校师德师风建设提供了方法论基础。

首先,马克思和恩格斯认为教育本身具有阶级属性。马克思和恩格斯在《共产党宣言》中指出"资产者唯恐失去的那种教育,对绝大多数人来说是把人训练成机器"[1]。恩格斯在《反杜林论》中指出:"人们自觉地或不自觉地,归根结底到底总是从他们阶级地位所依据的实际关系中——从他们进行生产和交换的经济关系中,获得自己的伦理观念。"[2] 总的来说,马克思和恩格斯坚决反对这种把人物化为生产机器的做法,批判了这种带有资产阶级性质的教育观点。

其次,从马克思和恩格斯教育理论的内容来看,他们提倡的教育始终以人为中心,不管是为了培养新的人才,还是为了促进社会生产的发展,其最终目标都要指向人的终极幸福,指向人的自由而全面发展。"人的自由全面发展"包含人的活动的全面发展、人的社会关系的全面发展、人的素质的全面提高和人的价值的实现、人的个性的自由与全面发展等内容,即"每一个成员都能完全自由地发展和发挥他的全部才能和力量"[3]。

---

[1] 中共中央编译局.共产党宣言[M].北京:人民出版社,2014:45.
[2] 中共中央编译局.反杜林论[M].北京:人民出版社,2018:98.
[3] 中共中央编译局.马克思恩格斯选集:第1卷[M].北京:人民出版社,2012:302.

这就要求高校教师在教书育人的过程中要注重社会发展需求，培养出符合社会发展需求的专业人才。

最后，马克思和恩格斯认为教育要以实现共产主义为远大目标，为实现人类的最终解放而奋斗。正如马克思在《青年在选择职业时的考虑》一文中所说："在选择职业时，我们应该遵循的主要指针是人类的幸福和我们自身的完美。"① 作为新时代的高校教师，要自觉落实"立德树人"根本任务，培养德才兼备、全面发展的人才，帮助他们树立远大的职业理想，为实现人类的幸福而不断努力。

二、汲取国外教育实践及理论成果

近现代以来，随着教师专业化进程的推进，国外教育学家十分关注师德师风问题，从不同的方面对教师职业行为提出要求，主要表现在以下几个方面。第一，重视教师个人品德修养。赫尔巴特（Herbart）提出教师要有修养。② 第二，强调教师的影响力。乌申斯基（Ушинский）指出："不管教育者或教师如何把他的最深刻的道德信念隐藏得怎样深，而只要这些信念在他内心存在着，那么，这些信念也可能表现在加在儿童身上的那些影响上。"③ 因此，提倡教师要为学生树立良好的榜样。第三，强调教师的职业认同和社会责任。第斯多惠（Diesterweg）提出教师要以教育为事业，要具有坚定的职业信念，鼓励教师加强自我教育。④ 国外教育家的师德理论经历了漫长的发展过程。新时代，高校借鉴国外教育家关于师德师风的主张，有利于完善师德师风建设的内容，提高师德师风建设的科学性和实用性。

---

① 中共中央编译局.马克思恩格斯全集：第1卷[M].北京：人民出版社，2002：459.
② 赫尔巴特.普通教育学[M].李其龙，译.北京：人民教育出版社，2015：15.
③ 乌申斯基.人是教育的对象：第1卷[M].李子卓，译.北京：科学出版社，1959：9.
④ 第斯多惠.德国教师培养指南[M].袁一安，译.北京：人民教育出版社，2001：53.

三、立足中华优秀传统文化

中国自古就有尊师重教的优良传统,人们常以"师长""先生"等尊称来称呼教师。在重视礼法的古代中国,"师"位于以血亲至上的"亲"之后,其社会地位不言而喻。《荀子·修身》中说:"礼者,所以正身也;师者,所以正礼也。无礼,何以正身?无师,吾安知礼之为是也?"这里的"礼"是个人安身立命的根本,而教师是正"礼",是稳定社会秩序的根本。无师则无"礼",无"礼"则无序。教师在古代中国社会中扮演着重要的角色,承担着传播礼乐、教化民众、稳定社会秩序的重要职责。这就将师德师风建设上升到国家长治久安和繁荣昌盛的政治高度,使得尊师重教的传统影响深远,一直影响至今。

第一,教师要热爱教育事业,无私奉献。孔子在道德教育方面推崇"礼"和"仁",其中"礼"是基本的道德规范,"仁"则为最高的道德准则。通俗而言,国家的教育事业是高尚的,教师必须要有高尚的道德节操和内在修养,对学生和社会发展具有较强的责任心。《孟子·尽心上》中指出:"得天下英才而教育之,三乐也。"这里把从事教师这项职业看成人生中最幸福的事情之一。韩愈在《师说》中提出"师者,所以传道受业解惑也",认为教师要无私地传授给学生基础知识和基础技能,为学生解决知识上的困惑。

第二,教师要有高尚的道德修养,以德立学。《论语·颜渊》中说:"子帅以正,孰敢不正?""其身正,不令而行;其身不正,虽令不从。"教师的言行举止正派,道德高尚,即使是不下命令,学生也会执行。

第三,教师要诲人不倦,知行合一。《孟子·尽心下》:"身不行道,不行于妻子;使人不以道,不能行于妻子。"如果不按照道理来做事情,就是在自己的妻子和孩子身上也是一样行不通的;让别人不按照道理来做事情,即使让妻子和孩子做也是不可能的。

第四,教师要关爱学生,立己达人。董仲舒提出的"以仁安人,以义正我"(《春秋繁露·仁义法》),就是说教师在对待学生时要有仁爱之心,关爱学生,对待自己则要正己、修德、为善,从自身做起,德高为范。韩愈提出"闻道有先后,术业有专攻"(《师说》),教师与学生要相互学习、教学相长。

第五,教师教育学生要因材施教,有教无类。孔子最先提出"因材施教"(《论语》),认为要根据学生的不同接受能力和特点开展不同的教育。朱熹也提出"圣贤施教,各因其材"(《孟子集注》)。

可见,中华优秀传统文化中的师德师风既有道德方面的价值追求,又有具体的行为规范,是新时代我国高校师德师风建设的重要理论基础和依据。

四、着眼于"两个一百年"奋斗目标

2018年,习近平在全国教育大会上指出:"教师是人类灵魂的工程师,是人类文明的传承者,承载着传播知识、传播思想、传播真理,塑造灵魂、塑造生命、塑造新人的时代重任。"2019年,习近平在全国高校思想政治工作会议上强调,要加强师德师风建设,坚持教书和育人相统一,坚持言传和身教相统一,坚持潜心问道和关注社会相统一,坚持学术自由和学术规范相统一,引导广大教师以德立身、以德立学、以德施教。

教师肩负着为社会主义培养合格人才的使命。作为学生的引路人和指明灯,要培养学生德智体美劳全面发展,使学生具有坚定的政治立场、较高的政治素质,教师自身先要是中国特色社会主义的拥护者、社会主义核心价值观的积极践行者。面对世界百年未有之大变局,加强高校师德师风建设更具有紧迫性与现实意义,要为实现"两个一百年"奋斗目标打好坚实基础。

第三节 高校德育教师队伍师德师风建设长效机制探索

师德师风建设是一项系统复杂的实践活动，涉及社会学、心理学、管理学、哲学、法律等内容。高校要从多方面入手，齐抓共管，提升师德师风建设长效机制的科学性、合理性，探索建设长效机制的新途径。

一、明确政治方向，提高思想站位

政治方向是高校师德师风建设长效机制第一位的问题。我国的国家性质和制度、高等教育事业发展的内在要求决定了新时代高校师德师风建设的根本前提是明确政治方向。

第一，引导高校教师以马克思主义理论武装头脑。高校教师担负着培养优秀人才的重担，其是否具备马克思主义信仰、共产主义理想信念，关乎高校意识形态阵地牢固与否。因此，高校教师必须掌握科学的理论思维，在教育教学工作中，始终以马克思主义理论指导实践，筑牢马克思主义在意识形态领域的指导地位，开展教书育人工作。新时代，高校要引导教师认真学习、宣传和贯彻落实习近平新时代中国特色社会主义思想，从中汲取科学的智慧和最新的理论力量，用于指导解决教书育人过程中遇到的困难和问题。

第二，引导高校教师忠于党和人民的教育事业。高校对教师的引导可以从以下几方面着手：一是要求高校教师加强对"四史"知识的学习，坚定"四个自信"。比如，高校可引导教师从中国发展的历程中汲取营养，增强爱国情感，更加珍惜今天的美好生活。二是增强高校教师的民族自豪感和自信心。高校可引导教师通过时事政治的学习，了解国家在政治、经济、科技、军事、文化等方面取得的最新成就，认识到社会主义制度的优越性，进一步增强对国家的情感、理论以及道路认同，并将自己的强国志向融入高校立德树人根本任务中，为国家发展培养更多优秀人才。三是引导高校教师学会运用党的最新理论知识。高校要引导教师用科学的立场、观点、方法来审时度势，从而能够理性、科学地分析并解决问题。

第三，加强高校教师敬业奉献教育。"敬业"是社会主义核心价值观在个人层面的重要内容。从这一层面说，引导高校教师敬业奉献是提升高校师德师风建设水平的重要途径和必要手段。高校可通过强化乐于奉献的职业观，摒弃"功利化"的思想，让教师把真情实感融入教育事业，争做有学识、有情怀的教育工作者。

二、推动师德师风教育理念变革，强化培训的针对性和实效性

开展教育和培训是高校推进师德师风建设的重要手段。高校要将师德师风建设摆在培养教师的首要位置，不断完善高校师德师风教育和培训制度，将师德师风教育贯穿高校教师职业生涯的始终。

第一，推动师德师风教育标准化、制度化。根据新时代师德师风的基本内涵、国家关于师德师风建设的相关文件等内容，高校可建立以教师专业伦理、思想政治素质、道德素养、职业素养、心理健康、法律法规等内容为核心的教育课程，并将课程细化为不同类型，对处于不同职业发展阶段、不同专业的教师开展多样化、个性化的师德师风教育。

第二，丰富师德师风教育的形式。高校可以将师德师风教育分类型、分主题进行，采用专家讲座、先进事迹报告会、社会实践考察、访谈交流会等方式，理论联系实际，强化师德师风教育实效。另外，高校可以开通网络平台，征集全校师生关于师德师风建设的意见和建议，营造良好的校园文化氛围，增强教师在师德师风建设中的参与感。

第三，建立师德师风警示制度。高校可利用政治理论学习、作风建

设月等契机，组织教师深入了解典型的师德师风失范问题事件，不断强化高校教师的底线意识。

三、完善制度体系建设，优化考核监督机制

第一，高校师德师风评价应坚持自我评价和他人评价相结合的方法。高校教师是师德师风建设的主体，其自我评价在评价中占据重要地位。教师自评就是应用评估量表、教学反思、工作总结客观分析自身的师德师风水平。除了教师的自我评价之外，还应有学生、同事、学校领导等接触较多的多元评价主体参与其中。尤其学生作为高校教育教学活动的直接对象，与教师接触最多，对教师的师德师风情况有具体认识，其评价的结果应被高度重视。高校可以根据学生评价结果，建立师德师风预警机制。对于评分较低的教师，主管部门应深入了解情况，帮助教师分析解决问题，防患于未然。这既是高校师德师风建设的应有之义，也是对教师群体的关心和爱护。

第二，高校必须细化师德师风规范，制定符合高等教育发展趋势、符合本校现实情况的师德师风考核评价标准。职业道德规范是教师活动的指导和标准，是对其进行评价的直接依据，在师德师风考核标准制定过程中一定要"量体裁衣"，制定出符合师生发展规律的制度体系。高校可"在师德师风评价指标的选取上，将爱国爱校、爱生敬业、教书育人、严谨治学、为人师表等履行教师职业道德规范情况的内容作为关键指标予以纳入，并赋予相应的权重或分值"[1]。同时，高校要坚持与时俱进，随着社会的变迁不断更新考核评价内容，坚持过程民主，充分采纳教师建议，依据高校教师的职业特点进行调整。

第三，高校必须完善师德师风建设监督制度。高校师德师风建设监

---

[1] 张桂花，张军平.新形势下加强高校教师师德师风建设的思考[J].西部素质教育，2022（6）：48-51.

督制度对高校教师职业行为起约束、监督的作用，具体可从以下几方面着手。一是建立和完善师德师风常态监督制度。高校要调动学生、教师、管理人员的积极性，发挥党委、教职工代表大会、工会以及学术委员会等部门的监督职责，做好常态化监督。二是建立和完善舆论监督制度。高校要设立专门的师德师风问题监督投诉平台，包括电话、邮箱、网站等，及时掌握学校的师德师风动态。三是建立师德师风舆情反应机制。一旦出现舆情，这一反应机制要迅速反馈，并在调查事实的基础上，尽可能降低师德师风失范事件的负面影响。四是监督过程民主。在处理师德师风投诉过程中，对于教师提出的异议，高校要保护其申诉的合法权益。对捏造事实、虚假投诉的，高校还应进一步追究相关责任人的行政和法律责任。

参考文献

[1] 陈娟. 传统文化与高校德育教育工作融合研究 [M]. 北京：世界图书出版公司，2018.

[2] 桂捷. 高校德育与心理健康教育研究 [M]. 沈阳：东北大学出版社，2018.

[3] 孔亮. 高校德育教育引入传统文化的创新研究 [M]. 北京：世界图书出版公司，2018.

[4] 李玢. 关怀德育：关怀伦理视域下的高校道德教育研究 [M]. 长春：吉林人民出版社，2010.

[5] 李军. 高校德育教育与大学生成才：促进大学生非智力领域成长成才研究 [M]. 成都：电子科技大学出版社，2013.

[6] 李亚美，李乐. 互联网时代下高职院校德育和创新创业教育研究 [M]. 北京：中国商务出版社，2021.

[7] 刘芳，李爽. 生命观教育视野下的高校德育创新 [M]. 北京：中国文史出版社，2015.

[8] 刘丽波. 新时期高校德育教育创新发展研究 [M]. 石家庄：河北人民出版社，2018.

[9] 罗丽娴，周慧. 教育为本 德育为先：加强和改进高校大学生思想政治教育教学研究 [M]. 昆明：云南大学出版社，2008.

[10] 曲华君，罗顺绸，钟晴伟.德育教育与创新能力发展[M].北京：中国财富出版社，2019.

[11] 宋述贤，巩绪福，严苗作.高校法学教育与德育管理[M].长春：吉林人民出版社，2021.

[12] 唐博.大学生德育教育创新研究[M].长春：吉林文史出版社，2021.

[13] 王文建，夏梦.高校德育教育与中华传统文化探索[M].北京：经济科学出版社，2022.

[14] 吴德勤，刘友古.通识教育背景下高校德育创新：理论与实践[M].上海：上海大学出版社，2013.

[15] 吴佩杰.道德教育的责任和追求：社会转型期高校德育研究[M].南宁：广西人民出版社，2009.

[16] 伍韬.传统文化视角下的高校德育创新路径探究[M].北京：北京工业大学出版社，2022.

[17] 辛勤.走进心灵的德育：学校德育工作创新案例集[M].北京：中国国际广播出版社，2020.

[18] 闫伟.应用型高校德育教育教学模式新探：以菏泽学院为例[M].北京：人民出版社，2020.

[19] 张婕.大学生德育教育的发展与创新研究[M].长春：吉林出版集团股份有限公司，2021.

[20] 张若文，王大伟，方莉.高校德育教育理论与管理实践[M].北京：中国科学技术出版社，2017.

[21] 张艳芳.传统文化与高校德育教育研究[M].石家庄：河北人民出版社，2018.

[22] 朱晓东，朱文，唐亭婷.中华传统文化基础上高校德育教育研究[M].石家庄：河北人民出版社，2019.

[23] 李维.新媒体环境下高校德育创新策略[J].黑龙江教师发展学院学报，2023，42（1）：147-149.

[24] 苏国锋.新时代中学德育教学守正创新实践研究[J].学周刊，2023（2）：

82-84.

[25] 孟丽娟. 论高校德育工作的内容、创新及队伍建设问题[J]. 现代商贸工业, 2023, 44（2）: 75-78.

[26] 李新忠. 核心素养背景下学生德育工作的创新策略探讨[J]. 成才之路, 2022（33）: 45-48.

[27] 何兴安, 王霞. "互联网+"时代高校德育工作的探索[J]. 淮南职业技术学院学报, 2022, 22（5）: 61-63.

[28] 王松岩. 智慧教育背景下高校德育载体的实践创新[J]. 北华大学学报（社会科学版）, 2022, 23（5）: 135-139, 155-156.

[29] 卫舒春, 李军, 张海. 高职院校创新创业教育与德育融合发展研究[J]. 创新创业理论研究与实践, 2022, 5（17）: 99-102.

[30] 马玉婕. 新时代高校德育话语的建构逻辑与路径[J]. 中国高等教育, 2022（17）: 39-41.

[31] 陈令霞, 祝木伟, 张书. 新时代高职院校德育工作创新与实践[J]. 现代职业教育, 2022（33）: 21-24.

[32] 刘成铭. 产教融合背景下高校德育教育创新研究[J]. 产业科技创新, 2022, 4（4）: 97-100.

[33] 李志浩, 王文龙. 产教融合背景下高校德育教育创新研究[J]. 公关世界, 2022（14）: 24-25.

[34] 陈曦. 高校德育教育创新方法探究：评《高校德育创新与文化建设》[J]. 中国教育学刊, 2022（6）: 149.

[35] 石宜鑫. 新时代高校德育工作创新路径研究[J]. 科教导刊, 2022（15）: 88-90.

[36] 薛霁. 新时代高校德育工作机制构建探索[J]. 科教导刊, 2022（13）: 74-76.

[37] 陈鹏飞. 倡导德育创新 推动教育发展[J]. 华夏教师, 2022（11）: 3-5.

[38] 焦文. 突破创新，赋予学校德育新样态[J]. 教育家, 2022（14）: 32.

[39] 张效莲. 新形势下德育创新路径探讨[J]. 科幻画报, 2022（3）: 211-212.

[40] 刘阳，陈韵.新媒体背景下高校德育工作路径创新研究[J].产业与科技论坛，2022，21（6）：87-88.

[41] 姚晶晶.培育高校大学生创新创业中德育精神路径探析[J].现代商贸工业，2022，43（6）：54-56.

[42] 李文政.优化协同：高校德育治理体系现代化之路径选择[J].学术探索，2022（2）：131-138.

[43] 徐秋晨.新时代高校美育与德育融合创新及实施路径[J].新美域，2022(1)：136-138.

[44] 方燕.高校德育教育与大学生创业活动融合的路径研究[J].经济师，2021（10）：185，187.

[45] 闫冀贤.新媒体背景下高校德育工作创新探索[J].中外企业文化，2021(6)：103-104.

[46] 潘婧璇.新时期高校德育工作方法创新研究[J].冶金管理，2021（5）：164-165.

[47] 贺龙军，全金峰，韩永辉.新时代大学生德育创新发展路径研究[J].经济师，2021（3）：165-166.

[48] 王鹏.协同理论视角下高校德育创新途径[J].农村经济与科技，2021，32（2）：299-300.